版权声明

Transforming Your Outdoor Early Learning Environment by Lisa Daly

Copyright © 2022 by Lisa Daly

Published by arrangement with Redleaf Press c/o Nordlyset Literary Agency through Bardon-Chinese Media Agency

Simplified Chinese translation copyright © 2023 by China Light Industry Press Ltd. / Beijing Multi-Million New Era Culture and Media Company, Ltd.

ALL RIGHTS RESERVED

保留所有权利。非经中国轻工业出版社"万千教育"书面授权，任何人不得以任何方式（包括但不限于电子、机械、手工或其他尚未被发明或应用的技术手段）复印、拍照、扫描、录音、朗读、存储、发表本书中任何部分或本书全部内容，以及其他附带的所有资料（包括但不限于光盘、音频、视频等）。中国轻工业出版社"万千教育"未授权任何机构提供源自本书内容的电子文件阅览、收听或下载服务。如有此类非法行为，查实必究。

Transforming
Your Outdoor Early Learning
Environment

幼儿园户外开放性游戏环境创设

［美］莉萨·戴利（Lisa Daly） / 著

李思娴　颜吻晴 / 译

中国轻工业出版社

图书在版编目（CIP）数据

幼儿园户外开放性游戏环境创设／（美）莉萨·戴利（Lisa Daly）著；李思娴，颜吻晴译. —北京：中国轻工业出版社，2023.12
ISBN 978-7-5184-4359-8

Ⅰ.①幼… Ⅱ.①莉… ②李… ③颜… Ⅲ.①幼儿园-环境设计 Ⅳ.①G617

中国国家版本馆CIP数据核字（2023）第231636号

责任编辑：张天怡　　　　　责任终审：张乃柬
文字编辑：李芳芳　　　　　责任校对：刘志颖
策划编辑：高　君　　　　　责任监印：吴维斌

出版发行：中国轻工业出版社（北京鲁谷东街5号，邮编：100040）
印　　刷：中国电影出版社印刷厂
经　　销：各地新华书店
版　　次：2023年12月第1版第1次印刷
开　　本：787×1092　1/16　印张：14
字　　数：125千字
书　　号：ISBN 978-7-5184-4359-8　　定价：72.00元
读者热线：010-65181109
发行电话：010-85119832　　010-85119912
网　　址：http://www.chlip.com.cn　　http://www.wqedu.com
电子信箱：1012305542@qq.com
如发现图书残缺请拨打读者热线联系调换
221721Y1X101ZYW

译 者 序

幼儿园以游戏作为幼儿一日生活的基本活动，游戏对幼儿发展的重要性不言而喻，安全且适宜的游戏环境则是充分发挥游戏价值的重要保证。2001年教育部印发的《幼儿园教育指导纲要（试行）》明确指出："环境是重要的教育资源，应通过环境的创设和利用，有效地促进幼儿的发展。"户外环境以其特有的特征能够提供与室内不同的、难以复制的游戏与发展机会，而且作为开放且不断变化的环境，对幼儿也有着更为强烈的吸引力。当幼儿进行户外游戏时，露天的环境、阳光以及自然元素等，能够刺激幼儿的感知觉的发展；更为宽阔的游戏空间、富有挑战性的游戏材料，能够促进幼儿的身体运动能力、社会性、灵活性等多方面的发展。因此，提高对户外游戏的重要性的认识以及掌握创设良好的户外游戏环境的方法，对幼儿的全面发展具有重要意义。

本书作者莉萨·戴利（Lisa Daly）教授拥有三十多年的早期教育教学和管理经验，对儿童的发展与学习有着独到且富有创意的见解。这是一本指导幼儿园或托儿所创设与改造户外游戏环境的指导用书。全书介绍了如何在有限的预算下设计、改造与维护十一个户外游戏区，包括艺术工作室、黏土工作室、声音花园、泥巴厨房、小小世界、建构区、轨迹区、大型运动区、玩沙区、玩水区以及舒适的空间和隐蔽的地方。这十一个户外游戏区并非由作者随意选择，而是精心安排的。书中每章开头都以具体的幼儿游戏案例描述了该区域对于幼儿的社会与情感能力、语言沟通能力、认知能力、身体运动能力以及艺术表现力发展所具有的价值，并且所有游戏区都能够支持幼儿的图式学习。作者强调要善于关注与寻找幼儿的行为图式，并有针对性地增强幼儿的图式学习。另外，在阅读本书时，你会发现许多独特且富有创意的想法，并惊讶于作者总能巧妙地发现并挖掘区域中蕴含的能够促进儿童发展的巨大价值。作者没有局限于传统的户外游戏区，她对声音花园、轨迹区、小小世界等户外游戏区的阐述一定能给你带来与众不同的感受与启发。

近些年来，人们已经充分认识到了游戏对于幼儿发展的重要意义，并在游戏环境创设与材料投放上不断进行优化，力图更加科学、适宜，以便能够激发幼儿探索与学习的欲望，助推幼儿各方面能力的提升。但是，通过对幼儿户外游戏的观察，我们可以发现，当前我国幼儿园的户外游戏依旧存在些许问题。例如，由于户外游戏的可控性较低，因此，大多数幼儿园出于安全考虑，往往会对幼儿的一些个人活动进行限制或者只提供挑战性较低的游戏材料。这不仅束缚了幼儿的发展，也不利于幼儿运动能力与冒险精神的培养。同时，我们会发现，当前幼儿园的户外游戏材料多以昂贵的高结构游戏器械为主，玩法单一，且缺少可供幼儿自主探索与创造的自然且实惠的松散材料（loose parts）①。这不仅不利于幼儿游戏水平的提升，也易使幼儿产生厌烦心理。再者，有部分教师会将幼儿户外游戏等同为体育活动，忽视为幼儿提供玩沙区、玩水区等其他自然的游戏区。大家可能会质疑：怎样做才能让幼儿在游戏中保持探索与学习的欲望？如何在有限的预算中为幼儿提供丰富多样的游戏材料，从而最大限度地促进幼儿的发展？如何让幼儿在安全与冒险中保持平衡？如何支持不同语言、能力、文化以及有特殊需要的幼儿的公平学习？如何改造或创设户外游戏环境才能提高幼儿的户外游戏水平？……这些问题的答案都可以在本书中找到。

本书具有较强的实践指导性，通览全书，我们可以发现作者并没有介绍很多晦涩、空洞的理论，而是结合大量的幼儿游戏案例分析了如何通过户外游戏区支持幼儿的发展。书中附有许多图片帮助读者理解内容，包括幼儿游戏图片、环境改造前后的对比图片、游戏场地图片等。同时，作者对每个游戏区适合的空间以及所对应的材料都进行了阐述，并且为如何获得游戏材料提供了小妙招，为读者改造与创设户外游戏区提供了丰富的灵感。本书既适合幼儿园管理者与一线教师，也适合学前教育专业在校学生、研究者以及幼儿家长。我相信，只要你翻开它，你一定会对幼儿户外游戏拥有更全面、深刻的认识，同时在改造户外游戏环境之路上获得更多助力。

李思娴

2023 年 5 月

---

① 国内又译为"开放性材料"，在本书中，为了与"开放性材料（open-ended materials）"区分，将"loose parts"译为"松散材料"，包括了一些具体而零散的材料。——译者注

前 言

去各式各样的幼儿园看望实习生，一直是我非常热衷的一件事。有些幼儿园既典雅又温馨，而有些幼儿园充满了丰富的游戏机会。在我到达之前，我永远不知道这所幼儿园的户外游戏环境的特点是什么。不完美的户外环境创设项目通常会吸引我的注意力，当然幼儿园带给我的个人感觉也非常重要。多年来我一直坚信，好的幼儿园必须始终充满欢乐、温暖、亲密感和归属感，拥有灵活、宽敞的空间和有趣的松散材料，能够给儿童提供参与和冒险的机会，同时拥有富有想法且会不断反思的教育者。这份品质清单很长，但是它们并非在每一所幼儿园中都能够被我们看到。

不幸的是，今天我观察到的某所幼儿园并不是这样做的。在我到达幼儿园之后，有人把我带到一个又热又窄且满地铺着沥青的户外游戏场地。一个个塑料玩具随意乱摆着，整个环境乱七八糟。12名儿童为争夺有限的塑料骑行玩具争论起来。幸运的是，在有限的游戏环境里，孩子们依旧有想要开展骑行游戏的想法。一些孩子漫无目的地跑来跑去，有两个孩子则站着发呆，这里没有任何关于自然世界的痕迹。实习生试图保持积极的态度，但是当她努力维持环境秩序时，她展现的是一种"专制"的态度。我为这所幼儿园的孩子、家长和教师感到心痛。它的户外环境创设不一定非这样不可，即使环境资源有限，也有一些简单的方法可以将贫瘠的户外区域变成美丽、迷人和引人入胜的环境。

精心设计的户外游戏环境能够提供积极的游戏机会，对幼儿的健康发展至关重要。幼儿在探索和融入美丽的自然环境中茁壮成长。鼓舞人心的户外游戏环境能够增强幼儿的幸福感，支持幼儿学习和发展，改变幼儿的行为并鼓励积极健康的冒险。然而，一个有效的户外环境在很大程度上取决于设计和材料。不同的户外游戏场地有着不同的形状和大小，不同的游戏环境（如不同的场地、地面覆盖物、自然元素、材料的存储方式以及资源的可用性等）在幼儿的眼里可能是有趣的，也可能是充满挑战的。不过，当我们把挑战看作机遇而不是困难时，许多创造性和有利的可能性就会涌现出来。

虽然所有年龄段儿童的户外游戏区遵循同样的原则，但是环境的各个方面需要不同的考量。我们调整地面、设备的高度和空间的大小以满足不同儿童发展的需求。较小的受保护的玩沙区适合婴儿和学步儿，而一块宽阔的沙地则比较适合学龄前儿童。儿童可以根据他们的兴趣和能力，使用相同的松散材料来开展不同的游戏。例如：婴儿爬到一块放置在轮胎上的木板上；学步儿走在一块倾斜的木板上，然后又从木板跳到了草坪上；学龄前儿童从一个轮胎跳到另一个轮胎上，或者使用轮胎和木板设计了一场精妙的"障碍赛"。

本书的户外设计理念和思路适合0—5岁儿童。事实上，我最近的两段记忆都与学龄前儿童积极参与改造后的游戏环境有关。第一个案例发生在一家翻新后的家庭托儿所的户外游戏开放日。参加活动的儿童都被迷住了。他们持续地在玩沙区和泥巴厨房游戏，这样的情景让人看着非常高兴。第二个案例发生在我改造的一所附设在农村小学中的幼儿园。学校只有一间教室，容纳着从幼儿园至三年级所有的学生。在改造的过程中，年龄大一点的儿童充满了好奇心，不停地偷看我们的建筑工作，但是他们马上就被教师引导到别处玩游戏了。完工后，我邀请他们来参观新的游戏空间。他们立即被轨迹墙迷住了，物体或水可以在轨道墙的坡道上滑落或穿过水管到达玩沙区。幸运的是，这些儿童后来也被允许在户外活动时进入新的游戏区游戏。

本书的设计理念既适合专业的托育中心，也适合以家庭为中心的托育环境创设。虽然每所幼儿园的户外游戏区的区域类型都是相同的，但环境的各方面需要不同的考量。例如，在家庭托儿所创建户外游戏空间，需要兼顾家庭和托儿所的使用需求。在家庭项目中，空间可能是有限的，或者成人可能希望儿童不在场时能够保证成人休闲的空间。书中的许多画面都是在家庭托儿所环境中拍摄的。无论你是在家庭托儿所还是在托育中心，希望这些照片都能激发你的灵感，以创设独特的空间。

本书邀请你重新回忆与建构你对传统游戏区的印象，并在有限的预算内使用自然元素和松散材料创设美丽的户外学习空间，为儿童提供无法抗拒的参与探索与游戏的机会。与我一起踏上改造户外游戏环境的旅程，我将分享改造儿童户外游戏环境的想法、灵感及好处，还有设计、改造和维护特定户外游戏区的基本知识。

首先，我想说的是，我不是一个景观或游乐场建筑师，我是一名退休的早期教育学院教授，在幼儿园、家园合作和大学实验室中担任课堂教育者和管理者，且拥有多年的实践经验。我了解儿童的发展和学习，我可以发现儿童发现的东西，我知道如何设置空间来支持和扩展他们的游戏兴趣。最近，我一直在指导教育工作者转变他们的思维和环境。在指导过程中，我使用了一种方法，使游戏场地环境、教育者的思维、儿童的行为和学习与游戏机会发生了惊人的转变。许多教育工作者都询问这个方法是什么？我很高兴在这里与你分享我改造户外游戏环境的设计计划和喜悦。

章节简介

本书的章节是根据不同的游戏区来排列的，之所以选择介绍这些游戏区，是因为这些区域的游戏主题适合儿童的发展，且具有鼓励儿童进行图式学习（儿童游戏中的重复动作模式）的潜力。区域分为创造性（艺术工作室、黏土工作室、声音花园）、想象性（泥巴厨房和小小世界）、活跃性（建构区、轨迹区和大型运动区）、感觉性（玩沙区和玩水区）以及安静性游戏空间（舒适的空间和隐蔽的地方）。

艺术工作室：是儿童在户外进行艺术创作的空间，例如，儿童可以在不同媒介的表面上画画，用新的方式设计、建模或改造材料。

黏土工作室：让儿童在操作天然黏土的同时，释放自己的能量、创造力、情感和想法。

声音花园：一个探索声音的空间，儿童可以通过使用回收的锅碗瓢盆等材料，探索音高、韵律、节奏和力度。

泥巴厨房：有时也称为户外厨房，是专为儿童设计的，儿童可以在这里假装做饭、混合调料、实验和改造空间。

小小世界：想象中的微型游戏体验区，类似于童话花园或玩偶屋，包括能够开展戏剧游戏和扩展儿童想象力的游戏场景。

建构区：一个比室内空间更大的建造真实和想象的结构的空间。

轨迹区：探索移动物体的区域，其主要的特色是"轨道墙"，用于探索物体运动轨迹的斜坡被固定在垂直表面上或其他区域（如玩沙区和玩水区）中。

大型运动区：有大型松散材料（如轮胎、板条箱、木板和梯子）的空间，为固定的游戏设备提供了另一种选择。

玩沙区：一片宽敞的沙地，供儿童挖掘（如挖隧道、挖沟、挖洞）、倾倒，以及做沙堡和泥饼。

玩水区：让儿童通过各种各样的容器、工具以及松散材料，自由探索水的物理特性的感官游戏区。

舒适的空间和隐蔽的地方：受保护的、宁静的且安全的"藏身处"，儿童可以独处或与朋友一起放松，自我调节。

区域的作用

每一章都以一个小故事开头，然后介绍该区域对儿童发展的作用。

图式学习

在每一章中，你都会发现游戏区中常见的儿童行为模式。我鼓励你有意识地寻找这些行为，并实施促进儿童图式学习的想法。重要的是寻找行为模式，而不仅仅是孤立的游戏案例，创造性地发现儿童探索图式的其他方式和机会。

在区域中促进学习

本节重点讲述了儿童在游戏中的故事，介绍该区域的游戏如何培养儿童的社会与情感能力、语言沟通能力、认知能力、身体运动能力和艺术表现力。

基本组成部分

如何使区域成为一个引人入胜和有效的游戏空间，该节提供了关于区域中重要元素的指导，包括空间位置、工作空间、家具、松散材料、存储和整理方式以及区域的清洁和维护等方面，并提供了有关地面、功能、设施和特殊装饰等方面的建议，以增强和美化空间。

改造前后对比照片

在每一章中，区域改造前后的对比照片会展示出来。改造前的照片展示了如何用最少的资源改变一个空间的功能、物体排列方式和美学吸引力，改造后的照片体现了惊人的设计和迷人的游戏空间的创意。

设计小贴士

没有什么比创设一个美丽、迷人、有组织、实用的游戏区更令人满意的了，但是这样做需要时间、辛勤的工作以及深思熟虑。关于设计每个区域的详细建议，可以在每章中找到。如果你喜欢快速、简洁的操作指南，那么请查看改造后的图片和设计小贴士。

工具和材料

这部分列出了特别适合相应区域的游戏工具和松散材料列表，你也可以根据自己的想法添加松散材料。可及性、简洁性和组织性是工具及材料的存储理念。在如何维护空间的建议上，该部分强调了一定要安全、清洁和正确地使用游戏材料。

图片

丰富、生动的照片展现了章节中所涉及的一些理念在真实的游戏环境中的样子。图片能够体现出不同幼儿教育项目在设计方面的变化以及关于空间的创设理念，同时展示了游戏材料、配件、存储组织系统以及儿童在各个区域游戏的照片。我是一个视觉型学习者，图像能激发我的创造力，让我更容易理解一些理念。我希望这些照片也能够为你提供灵感和启发，用可循环材料创设出具有美感和吸引力的游戏空间。

额外维度

本节展示了关于游戏区的独特想法。这是额外的内容，有助于丰富孩子们的游戏空间。它可能是一个创意、一件不寻常的家具或者是一种让空间在视觉上更有吸引力的方式。

支持公平学习

空间的设计要让每名儿童都能够适应，并给每名儿童提供支持，以确保参与的学习者都被纳入这个空间。为了设计一个适合所有儿童的游戏区，我们必须考虑到儿童的不同能力、语言和文化背景、经验与体型。

创设婴幼儿游戏区的一些想法

如果材料合适、安全、可获得，能够自主移动的婴幼儿就可以进入所有的游戏区游戏。本节为如何创设适合婴幼儿的游戏区提出了建议，使婴幼儿能够安全、自由地探索适合其发展的材料。

附录

附录 A 给出了第一章讨论的"是什么（Be）、做了什么（Do）、变得怎么样（Become）"过程的一个例子。附录 B 提供了一个评估当前户外环境和规划未来转型的标准。附录

C 是书中建议的材料、自然材料以及松散材料的完整列表。

开始转型之旅

室外学习环境的设计意图应与室内学习环境一致。只要教育者有创造力和决心，所有室内游戏区都可以设置在室外。此外，把室内游戏活动带到室外可以引发新的兴趣和游戏景象。想象一下，当一名儿童被允许独自或与朋友一起自由地探索和改造户外环境时，其所能够体验到的快乐。我建议你从第一章开始阅读，它揭示了改造户外游戏环境的内容、原因和方法，然后深入阅读各游戏区章节，了解创设的想法、灵感和好处，并学习设计、转换和维护游戏区的方法。愿你在为儿童改造迷人的户外学习环境的旅程中，受到鼓励和启发。

目 录

第一章 改造户外学习环境概述 ……………………………… 1
一、改造儿童户外学习环境的内容 ……………………… 1
二、改造儿童户外学习环境的原因 ……………………… 4
三、如何改造儿童户外学习环境：一个框架 …………… 10
四、改造儿童户外学习环境注意事项 …………………… 16
五、开始行动吧！ ………………………………………… 26

第二章 艺术工作室 ………………………………………… 29
一、艺术工作室的作用 …………………………………… 29
二、艺术工作室促进学习 ………………………………… 30
三、基本组成部分：艺术工作室需要什么 ……………… 32
四、工具和材料 …………………………………………… 35
五、额外维度 ……………………………………………… 41
六、创设婴幼儿艺术工作室的一些想法 ………………… 45

第三章 黏土工作室 ………………………………………… 47
一、黏土工作室的作用 …………………………………… 48
二、黏土工作室促进学习 ………………………………… 48
三、基本组成部分：黏土工作室需要什么 ……………… 52
四、工具和材料 …………………………………………… 53
五、额外维度 ……………………………………………… 56

六、创设婴幼儿黏土工作室的一些想法 …… 60

第四章　声音花园 …… 63
一、声音花园的作用 …… 63
二、声音花园促进学习 …… 64
三、基本组成部分：声音花园需要什么 …… 66
四、工具和材料 …… 69
五、额外维度 …… 71
六、创设婴幼儿声音花园的一些想法 …… 75

第五章　泥巴厨房 …… 77
一、泥巴厨房的作用 …… 78
二、泥巴厨房促进学习 …… 78
三、基本组成部分：泥巴厨房需要什么 …… 80
四、工具和材料 …… 82
五、额外维度 …… 86
六、创设婴幼儿泥巴厨房的一些想法 …… 89

第六章　小小世界 …… 91
一、小小世界的作用 …… 92
二、小小世界促进学习 …… 92

三、基本组成部分：小小世界需要什么 …………………………… 96

　　四、工具和材料 ………………………………………………………… 97

　　五、额外维度 …………………………………………………………… 103

　　六、创设婴幼儿小小世界的一些想法 ………………………………… 105

第七章　建构区 …………………………………………………………… 107

　　一、建构区的作用 ……………………………………………………… 107

　　二、建构区促进学习 …………………………………………………… 108

　　三、基本组成部分：建构区需要什么 ………………………………… 112

　　四、工具和材料 ………………………………………………………… 114

　　五、额外维度 …………………………………………………………… 117

　　六、创设婴幼儿建构区的一些想法 …………………………………… 121

第八章　轨迹区 …………………………………………………………… 123

　　一、轨迹区的作用 ……………………………………………………… 124

　　二、轨迹区促进学习 …………………………………………………… 124

　　三、基本组成部分：轨迹区需要什么 ………………………………… 127

　　四、工具和材料 ………………………………………………………… 128

　　五、额外维度 …………………………………………………………… 130

　　六、创设婴幼儿轨迹区的一些想法 …………………………………… 134

第九章　大型运动区 ································· 137

一、大型运动区的作用 ······························ 137

二、大型运动区促进学习 ···························· 138

三、基本组成部分：大型运动区需要什么 ·············· 142

四、工具和材料 ···································· 143

五、额外维度 ······································ 148

六、创设婴幼儿大型运动区的一些想法 ················ 151

第十章　玩沙区 ··· 153

一、玩沙区的作用 ·································· 153

二、玩沙区促进学习 ································ 154

三、基本组成部分：玩沙区需要什么 ·················· 158

四、工具和材料 ···································· 161

五、额外维度 ······································ 165

六、创设婴幼儿玩沙区的一些想法 ···················· 167

第十一章　玩水区 ······································· 169

一、玩水区的作用 ·································· 170

二、玩水区促进学习 ································ 170

三、基本组成部分：玩水区需要什么 ·················· 174

四、工具和材料 ···································· 176

五、额外维度 ······································ 179

六、创设婴幼儿玩水区的一些想法 ············ 183

第十二章 舒适的空间和隐蔽的地方 ············ 185
一、舒适的空间和隐蔽的地方的作用 ············ 186
二、舒适的空间和隐蔽的地方促进学习 ············ 186
三、基本组成部分：舒适的空间和隐蔽的地方需要什么 ············ 189
四、工具和材料 ············ 192
五、额外维度 ············ 195
六、创设婴幼儿舒适的空间和隐蔽的地方的一些想法 ············ 198

附录 A "是什么，做了什么，变得怎么样"过程 ············ 199
附录 B 评估当前儿童的户外游戏环境 ············ 201
附录 C 户外游戏区的工具和材料 ············ 202
参考文献 ············ 206

第一章
改造户外学习环境概述

早期开端计划（Early Head Start）的资助为玛吉提供了一个接受指导的机会，同时将她的家庭托儿所改造成了一个开放的自由游戏场地。一开始，玛吉和她的丈夫兰迪想把他们后院的一大块地方作为成人的休闲场所保留下来，因此并没有任何关于儿童保育与教育的迹象。在玛吉和兰迪实地参观了另一个宽敞、自然且迷人的以家庭为基础的儿童户外游戏环境改造项目之后，他们逐渐意识到原来儿童保育、美学以及个人空间是可以共存的。在我们的指导以及两人亲身参与改造的过程中，玛吉和兰迪逐渐了解了松散材料和自然环境的重要性，甚至愿意把整个户外区域都用于儿童的游戏。最终，家庭托儿所的后院被改造成了一个有吸引力的、迷人的自然游戏场地。现在，这个地方既能使玛吉和兰迪在这里享受咖啡和晚餐，也能使孩子们在这种欢欣鼓舞的环境中游戏，并愉快地度过每一天。

一、改造儿童户外学习环境的内容

想象一下在户外环境中有一个迷人的学习空间是多么令人兴奋，但知道从哪里开始或做什么来丰富空间是具有挑战性和令人感到困惑的。一个全面、实用和有效的设计过程将展现你的愿景、肯定你的价值观，并引导你使用各种元素设计与改造环境，还会在儿童使用这些元素的时候对儿童产生积极的影响。接下来展示的"是什么""为什么"以及"怎么做"的内容揭示了改造户外游戏空间的基本信念，旨在为你的项目提供全程指导。

改造儿童户外学习环境的原则如下。

使用最少的资源：许多早期儿童项目依靠有限的运营资金生存，且通常情况下，大多数启动资金都用于购买室内活动所需的材料和设备，几乎很少或根本没有用于户外活动空间。不过好消息是，资金并不一定是我们改造户外游戏空间的障碍。我们可以通过发挥想象力与创造力、增强对社区资源的了解、接受志愿者的帮助，用最少的资金创设吸引人的户外游戏区。

突出松散材料：松散材料是每个户外游戏区的基本材料。它们的易获得性、多功能性、实惠性、可持续性和吸引力，使松散材料成为儿童游戏中最完美的开放性材料。松散材料没有固定的用法，它允许儿童在游戏中最大限度地发挥他们的想象力与创造力。

使用可循环材料：可持续性发展是地球目前面临的最大挑战之一。教育下一代成为一名好的材料管理者，首先自己要成为一名优秀的材料管理者，这是最重要的。帮助儿童树立环保意识的一个方法，就是循环使用游戏材料。找到被丢弃的物品并进行改造，重新利用它们开展新游戏是这个理念的核心。

融入自然：当前，许多儿童都生活在沥青和混凝土环绕的社区，与自然几乎没有联系。与自然接触，有助于儿童的健康成长和幸福感的提高（Chawla，2015）。通过添加自然材料，如植物、岩石和树干，为游戏提供不同材质的表面，丰富户外游戏空间，并将儿童与自然联系起来。树干是树的主体部分，它们的宽度为30~60厘米，直立起来高度可达45厘米。它们足够宽，孩子们可以在上面坐、走、爬以及锻炼平衡感。

强调美学和真实性：美是户外游戏空间的基本组成部分。环境会影响我们的感觉、思考和行为。儿童和教师被艺术、自然材料、有趣的纹理、颜色以及声音环绕着，游戏空间的美感也得到了增强。真实的材料在给儿童的游戏赋予意义和相关性的同时，也具有审美吸引力。儿童通常更喜欢使用真实的烹饪、艺术或园艺工具进行游戏，而不是玩模仿游戏。一般来说，真正的材料更吸引人，质量更好，更耐用，而且在游戏中通常表现得更有效、更可靠。

从儿童的角度看，改造儿童户外学习环境要做到以下几点。

认识到户外游戏是整个儿童期学习和发展的核心：精心设计的户外学习环境支持儿童在情感、社交、身体、认知和创造性领域的成长和发展。儿童是有能力的、合格的学习者，是自身学习和发展中最重要的个体。教育者要为儿童创造各种各样的户外体验和游戏的机会，支持和促进他们的学习和发展。

提供开放式探索和主动学习的机会：儿童在体验式的、积极的学习环境中发展得最好。由儿童主动发起的户外探索，以及使用松散材料进行游戏，都能够促进儿童自我审视、自我导向、自我评价、自我表达与自主选择的发展。主动学习包含如下内容。

- 儿童控制材料，而不是材料控制儿童。
- 儿童可以决定他们如何处理这些材料，以及如何使用它们。
- 儿童可以用多种方式使用材料。

提供有趣的和有吸引力的游戏空间：丰富、有趣的环境为儿童提供冒险、探索、好奇、创新和想象的机会。环境的复杂性，为开展各种游戏活动提供了机会。

支持公平的学习：不同的年龄阶段、性格、学习方式和能力水平的儿童，都能成功地参与丰富、深入的户外体验中。开放式的松散材料和灵活的空间适合所有儿童。

为建立有意义的关系提供机会：有意义的户外空间和体验是为儿童之间的合作而设计的。松散材料的可用性、类型、位置以及空间布局，为儿童与他人联系和建立牢固的关系提供了可能性。

从**教育者**的角度来看，改造儿童户外学习环境要做到以下几点。

采用一个基于探究的设计过程：一个开放式的设计过程由反思、评估和分析构成。参与这个设计过程可以创造出更具创新性、合作性和思想性的设计，这些设计反映了所有参与者的想法和愿景。花时间提前做好计划，将有利于避免未来潜在的风险与挑战。

提供行动计划：一个总体规划提供了一个关于户外游戏区创设的蓝图。计划可以帮助我们在创设户外早期学习环境时不至于出现意想不到的结果，并以最有效的方式为创设过程提供指导。无论户外游戏环境改造是一次性完成的，还是在资金、时间和精力允许的情况下分阶段完成的，总体规划都能确保改造的连续性。

涉及想象力、创造力和满足感：寻找灵感的来源，以创新的方式升级改造游戏材料，发现解决问题的方案，与他人合作，共同完成有挑战性的工作，这些都能给儿童带来巨大的快乐和满足感。把没有吸引力、未充分利用的游戏空间变成美丽、有吸引力的游戏空间是令人兴奋的，尤其是当你看到儿童开心的表情以及如此高的参与度时，你将很有成就感。

关注人际关系和社区：参与反思和协作的过程可以增强人与人之间的联系。积极参与项目的设计和施工阶段，并知道你的想法和给别人提供的帮助受到重视，这会非常令人满意。当教师、家长和朋友一起工作时，他们的亲密感会得到增强。从当地社区购买材料或得到捐赠时，你的社区伙伴关系能够得到发展。环境的设计要能够反映社区的自然特征，如使用该地区特有的岩石和木材，能够给儿童和家庭带来一种归属感和熟悉感。

二、改造儿童户外学习环境的原因

我和我的朋友谢丽开车经过了美国壮丽的红杉海岸和加利福尼亚海岸，在那里我们见到了尼娜，她是洪堡县一个家庭托儿所的教师。尼娜之前参加过我们的一个关于用松散材料改造户外环境的演讲，她很兴奋地告诉我们她的故事。了解到松散材料后，尼娜将院子里大型运动区中灰色的塑料攀爬城堡拿走，换上了大的、开放式的松散材料——轮胎、木板和树干，甚至增加了一个迷你蹦床。尼娜向我们描述了儿童的各项技能和能力水平是如何迅速发生转变的。以前，儿童对这个塑料攀爬城堡毫无兴趣，只是在这个游戏区四处奔跑。在添加了大的松散材料之后，游戏空间发生了巨大的变化。她发现，当儿童能够自由操作、设计和改变松散材料时，他们的肌肉力量、平衡性、沟通能力、冒险精神、解决问题的能力、创造力和合作能力都会有所增强。尼娜在短短几小时内观察到的儿童的成长比她一年多来看到的都要多。在一个没有使用过的、无趣的、无吸引力的游戏场地创建新的学习空间，能够支持儿童的松散材料游戏、图式学习和常见的户外游戏，促进儿童的学习和发展。

（一）支持松散材料的游戏场地

尼娜本能地意识到，在操场上，松散材料比固定的游戏设备更有价值。由松散材料组成的户外游戏环境为儿童提供了想象、发现和创造的机会，这是在固定的游戏场地无法发生的。随着儿童的兴趣和能力的发展，常规的游戏区开始变得枯燥无味，而充满松散材料的游戏区会发生很多有趣的变化。虽然固定的游戏设备有很多优点，但是使用松散材料可以提供一个更丰富的学习环境。

游戏场地的比较

固定设备	松散材料
◆ 购买和安装都很昂贵。	◆ 廉价或免费，是可持续的。
◆ 需要每周检查设备结构和表面，防止被风化及破坏。 ◆ 需要每季度对设备及其表面进行磨损检查。 ◆ 可能需要更换硬件。	◆ 需要一些维护。有些材料需要清洗和清理，例如泥巴厨房用具需要定期用水管冲洗。 ◆ 在放置到游戏区之前，需要教师对材料的可用性进行适当的评估。 ◆ 需要教师在游戏之前和游戏期间进行检查，以消除任何危险，例如破碎的木板需要打磨。
◆ 除了更换破损、开裂、松动、丢失、生锈的部件时需要劳动外，其他时候不需要任何额外的劳动。	◆ 最初必须由教师收集或由家长和社区捐赠。 ◆ 必须在磨损时补充。
◆ 需要密切地看护，特别是靠近秋千、滑梯和攀爬架的地方，这些地方是操场上最容易受伤的地方（sawyer，1994）。	◆ 教师扮演的是观察者的角色，让儿童主导自己的游戏。
◆ 不需要存储。	◆ 需要将材料储存起来，如使用容器、货物架或棚屋对材料进行收纳整理，同时要保证儿童可以独立取放材料。 ◆ 邀请儿童参与日常的清理工作。
◆ 是静态的，只能以特定的方式使用。	◆ 为儿童创设更丰富的游戏环境。 ◆ 允许儿童根据自己的需要重新设计环境。
◆ 有利于开展大动作游戏（爬、跳、旋转和滑动的能力）。 ◆ 可能并不适用于所有儿童。	◆ 平等地适用于所有游戏类型（促进儿童创造力、想象力、社会性、身体和认知能力的发展）。 ◆ 适用于所有儿童。

续表

固定设备	松散材料
◆ 限制了儿童想象力的发挥。	◆ 支持所有儿童自由地进行创造、想象、探索和转变,以及能够让他们在游戏中将想法变成现实。
◆ 随着时间的推移变得无聊。	◆ 随着时间的推移,儿童的能力得到提高,游戏环境也能一直保持吸引力。
◆ 提供社交互动的机会。	◆ 培养高水平的同伴游戏能力与合作意识。

苏珊娜·劳（Suzanna Law）和摩根·莱克特·萨克斯比（Morgan Leichter-Saxby）的一项比较研究，说明了有松散材料的游戏场地和只有固定设备的传统的游戏场地相比的优势所在（2015）。我鼓励大家比较这两种游戏场地的特点，以确定哪种方式能为儿童提供更深入的学习机会。

（二）支持图式学习：这与"紫色"无关

创设良好的户外游戏空间的一个关键原因是为了回应和支持儿童的意图。观察儿童的兴趣所在、专注力、坚持性和决心，将有利于我们创建有趣的游戏空间。同时，我们要给儿童提供一些松散材料，以支持和扩展儿童的兴趣。仔细观察游戏中的儿童，会发现他们特定的、反复出现的兴趣或行为，这就是图式（schemas）。图式学习是关于儿童如何学习和思考的理论："图式是指儿童在游戏或艺术中通过重复的行为和模式表现出来的一条思想线索"（Wijk，2008，p. 1）。幼儿通过图式学习在大脑中学习和形成认知结构。行为图式（action schemas）是图式的一种类型，它们专注于物质世界的运动。行为图式通常很容易识别，因此，它们是教师在户外游戏中识别学习图式时最合适的选择。儿童参与图式游戏的特点，包括高度的专注力、坚持不懈、惊奇感和强烈的满足感。一旦成人注意到儿童在游戏中的图式，他们就会以扩展和支持儿童学习的方式做出反应。

我发现，了解儿童兴趣最有效的方法之一是追踪儿童的行为，而不是将注意力过多地放在儿童玩的东西上，也就是说我们要跟在"动词"后面而不是"名词"后面。在看望我的一名实习学生时，我注意到这名学生在聚精会神地看着一个4岁的小女孩用紫色蜡笔在转盘的圆纸上画圆圈。小女孩熟练地用蜡笔尖对准圆纸，同时不断地旋转转盘。她飞快地转动着转盘，一圈又一圈。在几分钟的时间里，小女孩保持着高度的专注力,持续着旋转的动作。当小女孩停下时,我问实习生观察到了什么。她完全没有抓住重点,回答说:"小女孩喜欢紫色。"我并非想要她回答"紫色"或"蜡笔"(名词),而是想要她注意到小女孩"旋转"(动词)的这个动作。这个小女孩痴迷于旋转图式。如果重视儿童的动作,我们就能很好地理解他们的意图。一旦你观察到同类行为的多次发生,你就可以确定支持和扩展儿童兴趣的方式。下面是一些专注于行为的例子。

事物或行为

名词(事物)	动词(行为)
球	滚动、加速、赛跑、倾倒、掉落、加速、投掷、弹跳、摇动、跌落、下降、推进、抛
围巾	快速旋转、捻转、转动、(使)旋转、盘旋、转弯、缠绕、包裹、覆盖
粗绳	连接、接合、系结、附着、钩住、紧固、固定、捆绑
黏土	敲打、捏、挤压、塞进、滚动、挖、撕碎、压碎、击打、撕裂、压扁、拉伸、戳、拉、推

以下是在儿童游戏中常见的需要注意的动作图式。要知道,发现一种行为模式并支持儿童的兴趣,比辨别哪一种图式正在发生更重要。

搬运:对搬运感兴趣的儿童喜欢把物体从一个地方移动到另一个地方。例如,他们把水容器运到玩沙区,或者推动一辆装满泥土的翻斗车,或者提着小桶四处收集自然材料。儿童也可能对搬运物体(如把东西放进口袋)感兴趣,或者对移动自身(如乘坐马车)感兴趣。松散材料特别适合用于运输游戏,儿童可以将各种容器和材料从一个地方运到另一个地方。

变换:对变换或变形着迷的儿童喜欢改变事物,然后观察会发生什么。他们会在泥土中加水、混合各种油漆颜色、重塑黏土,或者通过醋和小苏打来清洁物体表面、改变物体外观,又或者重新组织材料以创造新的空间。对变换者来说,这是令人兴奋的经历。可塑性强的松散材料(如油漆、沙子、水和黏土),特别适合喜欢变换的儿童。当然!设计类材料、纺织品和积木也是不错的选择。

轨迹:对轨迹感兴趣的儿童常常会被移动物体的轨迹吸引。他们会扔或踢物体,把球滚下斜坡,或者把水倒进漏斗以及雨水槽。当他们摇摆、从高处跳下或从山上滚下时,他们的身体也是轨迹物体。各种斜面和滚动的松散材料都可以满足儿童探索

"轨迹"的兴趣。

旋转：被旋转或滚动的物体吸引的儿童会对旋转图式感兴趣。他们可能喜欢在秋千上玩耍或转陀螺。你可能会看到儿童画圆圈、滚动圆环和球，或者看着轮子一圈又一圈地转。满足他们关于旋转兴趣的松散材料包括各种圆形的或可旋转的材料。

围合和包裹：喜欢在事物周围划定界限的儿童会觉得围合很有吸引力。他们可能会用积木将空间围起来，然后称这些空间为"房子""车库"或"动物园"。如果儿童画一个大的图案，然后在这个图案的内部填充颜色或其他图案，那么这也能够体现他们对围合感兴趣。喜欢覆盖和包裹东西的儿童可能对包裹图式感兴趣。他们经常会进入一些隐蔽的地方，如纸箱、工业管道或毛毯堡垒中。此外，将一个洋娃娃裹起来或用毯子把自己盖住是这些儿童最喜欢的活动。用于满足儿童围合以及包裹的兴趣的松散材料包括纺织品和一些建筑材料。

连接和断开：连接的魅力在于将事物连接在一起，而断开的魅力则在于将事物拆开。喜欢连接的儿童喜欢用粗绳或细绳把东西系起来，或者将管道或软管连接起来。喜欢拆东西的儿童喜欢拆卸和分散材料，撞倒积木结构，把棍子折断或打散沙堡。支持儿童连接与断开的松散材料，包括粗绳、细绳、黏土、沙子和各种可供连接的管道。

（三）支持游戏主题

儿童会参与各种各样的户外游戏主题，一旦你知道这些主题，你就可以创造有趣的空间并提供宽松的环境，以加强、支持和扩展儿童的兴趣和学习。简·怀特（Jan White）根据她对儿童的研究和工作，提出了以下儿童游戏主题框架（Casey & Robertson，2019）。

冒险：追求冒险、拓展界限、发现、冒险、抓住机会、期待、探险和创新。松散材料为儿童提供了无限的冒险机会，无论是建造高楼还是建造攀爬结构。

围栏、洞穴和特殊场所：隐蔽的、安静的和保护秘密的地方。这个游戏主题与围合图式有关。木板、板条箱和纺织品等松散材料，为儿童提供了设计隐蔽的空间的机会。

勘探（高度）：进行勘测，寻找高处，查看、瞭望，评估地势，绘制地图。环境中的元素（如可供攀爬的大圆石、树木以及土丘，需要保持平衡的木板）都能满足儿童攀爬到更高的地方的需求。

路线和旅程：儿童沉迷于寻找穿越区域的另一种方式、探索隧道以及发现捷径和秘密通道。由铺路石、岩石、木板、桥梁、爬满藤蔓的拱门以及隧道组成的蜿蜒小路，吸引着儿童探索未知的地方。

收集-采集活动：收集-采集活动的主要特征是搜索、收集、跟踪、发现、追赶、采集、隐藏、存储、保存和囤积。这个游戏主题与搬运图式有关，各式各样的容器和天然的松散材料满足了儿童寻找和收集的愿望。

动物的盟友：关爱植物和动物，亲近大自然和野生动物。园艺空间可以让儿童种植和收获食物；堆肥空间让儿童体会到保护环境的责任；动物空间，如鸡舍、鸟类喂养站或昆虫旅馆，为儿童提供了观察、照顾、连接和保护生物的机会。

富有想象力的叙述（故事、想象和幻想）：通过幻想故事、小小世界游戏来丰富儿童对友谊和人际关系的体验，以此帮助儿童更好地理解这个世界。同时，用于讲故事、假想游戏以及小小世界游戏的松散材料也能够很好地促进儿童的想象力的发展。

三、如何改造儿童户外学习环境：一个框架

改造儿童户外学习环境听起来令人感到有压力，也充满了挑战性。你可能会感到不知所措，不知道从何开始，或者可能缺乏远见或灵感。要知道，只要有深思熟虑的规划，你就可以将任何户外空间变成一个美丽、有吸引力的学习环境，无论其形状或大小如何。框架可以帮助你产生新奇的想法、制定替代方案、确定需要考虑的事项和需要用到的资源，并确保改造结果的成功。户外游戏环境改造框架包括反思、信息收集、头脑风暴和分析、设计开发、行动和项目建设。

（一）反思阶段

有一次，我在参观美国罗斯维尔社区幼儿园时，贝夫·博斯（Bev Bos）给我讲了一个故事，有一个家庭正在参观幼儿园，决定是否要让他们的儿子入学。当孩子的父母参观完毕，准备离开并强行让孩子离开游戏场地时，小男孩反抗并喊道："我要留在这里！"小男孩的话反映了他与生俱来的环境意识，以及他在游戏场地感受到的强烈的安全感和冒险性。当我们进入一个空间时，我们会受到我们所看到和听到的事物的影响，我们会收到关于期待什么以及下一步如何行动的隐性信息。户外环境能够促进孩子们探索、冒险、想象、创造和独立地发展。材料、设备的摆放与空间的设计能够预示该游戏区即将发生的事情。例如：一个开阔的空间暗示着儿童能够"奔跑并大叫"；低的、易拿取材料的架子能够促进儿童独立自主地发展；一个舒适的隐蔽空间可以帮助儿童放松，远离繁忙的户外环境。松散材料鼓励儿童按照自己的意愿使用材料，而不是按照设计好的方式。

改造儿童的游戏空间可以从参与"是什么，做了什么，变得怎么样"的反思过程开始。思考儿童在户外空间中是什么样的，他们目前如何使用这些空间，以及在这些空间中游戏他们获得了什么。利用你对儿童的发展、学习和与发展相关的实践的理解来指导你的反思。美国加利福尼亚大学圣塔芭芭拉分校儿童中心的早期教育工作者向我详细地介绍了他们在创设户外游戏环境时如何使用"三步思维过程"，我认为这对我们设计

户外或室内的游戏区都有启示和帮助。首先，你可以和其他教师共同合作，开启头脑风暴，列出你们所观察到的儿童户外游戏的特征和行为，以"是什么（Be）"开始，然后是"做了什么（Do）"，最后是"变得怎么样（Become）"，将单词记录在图表纸上。然后将单词本长期保存在一个易于进出的空间里，以便后期添加一些新的单词。

是什么：儿童在户外的状态是什么或怎么样？例如，一名儿童可能是充满好奇心、有创造力以及精力充沛的，也可能是邋遢的。如果你在这一步困住了，那么试着从你观察到的行为往回看。例如：如果一名儿童正在跳跃，那么在这之前，他可能会表现出害怕或很勇敢；如同我看到新的东西，我可能会表现出兴奋或忐忑。

做了什么：儿童在空间里做了什么？这些是儿童表现出的动作，如倾倒、填充、旋转、攀爬和设计。

变得怎么样：当儿童在户外游戏时，他们变得怎么样？例如，儿童可以通过他们的行动变得自信、有能力、坚强和富有同情心。

附录A记录了美国加利福尼亚州费尔奥克斯的创意精神学习中心与教育者一起举行的户外规划会议的"是什么、做了什么、变得怎么样"的过程。

对教育者来说，反思阶段是考虑什么对你有用、什么没用的时候。其理念是为儿童设计一个合作与参与的空间，并且这个空间能够促进儿童自主性、冒险性以及各方面能力的发展。一个精心设计的空间，也会让教师有更多的时间进行有意义的观察以及与儿童互动。每个游戏区的具体创设策略都在本书相应的章节中进行了展示，不过这里还有几个问题需要我们进行反思，以提高儿童当前的户外游戏空间的质量。

- 哪些松散材料以及真正有用的工具和材料可以被添加到每个游戏区中？
- 什么样的材料和资源便于儿童四处走动，并改变他们的环境，确定其用途？
- 如何在每个区域里创设足够的存储空间，使材料可以留在户外而不必每天被搬进搬出？
- 如何以可视的方式组织材料，使儿童可以自主地使用它们，并在没有成人帮助的情况下把材料归位？
- 感官探索、建构、创造、变换、测量、穿行、搬运、发展和想象的空间在哪里？
- 如何将可供探索的自然元素融入环境中？
- 如何设计方便和容易清理的空间？
- 游戏环境如何支持儿童在各方面能力得到发展的同时，让儿童体验到适当的挑战？
- 如何设计便于监督的区域？
- 如何通过长凳、原木、椅子或类似的材料，为儿童创造舒适的空间？
- 空间如何体现出对家庭成员的欢迎并提供一种归属感？
- 如何为家庭创建可以联系和分享的空间？
- 如何为家庭设计空间，既能保证家长有休闲娱乐的空间又能保证儿童有游戏的空间？
- 如何在你的项目中设计空间以反映家庭生活、文化以及兴趣？

（二）信息收集阶段

通过探索和调查当前的户外空间来评估环境。使用户外游戏区的图表，并记录已经存在的内容以及你想看到的内容，这对于支持儿童在该区域的兴趣和想法会很有帮助。附录 B 可以作为评估当前你所在幼儿园户外环境的指南。这一步通常涉及幼儿园教育者，但它也可为使用游戏空间的儿童和家庭提供帮助。塞利姆·伊尔蒂斯（Selim Iltus）和罗杰·哈特（Roger Hart）提出了儿童参与设计过程的反馈以及协商的重要性（1995）。这一建议也适用于家庭和教育工作者。如果你决定让儿童和家长参与进来，那么单纯地问一些问题来征求意见是不够的。象征性地参与不能帮助个人发展规划、设计、谈判和解决问题的能力。真正的参与、问题识别、共同决策和讨论，需要在整个过程中对所有参与者保持公开和透明。

观察其他环境创设项目是产生创意的一个很好的方法。从以往的经验来看，幼儿教育工作者非常乐于进行项目参观，相互交流，分享想法和有价值的见解。在这个过程中，你可能会发现解决问题的方法、新的组织策略、新的材料或有趣的创设空间的方案，也可能会发现一些不适合你的东西，这也有助于确定你的愿景。我更喜欢在儿童在场时观察他们是如何融入环境的。有时候，你可能会觉得某个游戏空间太危险、吵闹或杂乱，但是当你看到儿童如何使用这些材料时，你可能就会放松下来，改变这些想法。你会从项目访问中得到启发和鼓励。

创建一个充满灵感的照片库是另一个产生创意的绝妙方法。当你在图片和社交媒体网站上发现有趣的照片时，保存下来，制作一个"灵感照片库"。在参观其他幼儿园时拍摄的照片或者其他能够激发灵感的照片都可以被添加到"灵感照片库"中。我经常拍摄商店展示柜以及充满自然和建筑元素的照片，我觉得这很有趣。其目的并不是复制，而是激发创造力，帮助教育者识别和提炼重要元素，并为改造户外游戏环境提供清晰的方向。

（三）头脑风暴和分析阶段

现在是时候分享和讨论你所收集到的反思资料和信息了。当儿童在游戏时，参考你在他们身上观察到的常见特征、行为和兴趣以及引导性问题和你收集的其他问题的答案。需要考虑在设计空间时有哪些限制条件？有哪些可能性？确定目标、优先级、空间用途、愿景、局限性和资源的可用性。阐述设计户外游戏空间的最佳想法，例如，如果收集的信息显示儿童对轨迹感兴趣，那么教师可以设计游戏空间来支持他们的兴趣。如果保持区域的灵活性是我们的目标，那么教师可以用可移动的家具和松散材料来创设空间。如果玩沙区是优先被考虑的，那么教师需要先确定应该将它安排在哪里。混凝土地面适合被用来设置多种游戏区，因此教育者需要考虑确定哪个区域最适合采用混凝土地面。艺术工作室或建构区是最好的选择吗？在玩沙区可能需要放置一个手动泵，但是由于缺乏资源，我们暂且将它写在愿望清单上。有限的空间需要用创造性的方式来确保儿童在大型运动区的体验。声音花园则需要远离邻居的家以及过于安静的地方。

（四）设计开发阶段

明确的计划和设计范围对于项目的成功至关重要。将时间花在设计和规划上将会有助于你发现潜在的问题，并减少代价高昂的错误。在设计开发阶段，通过画草图、比例图以及最后的设计示意图来获得一个清晰的整体环境布局，可以帮助你将计划以及预估结果可视化。

拍摄空间：记得拍摄"改造前"的照片，记录游戏场地在改造前的样子。这些照片将在整个绘图和设计阶段提供有用的参考。有时候草图会让人困惑，而照片可以提供清晰的信息。在项目结束时，看着新设计的游戏空间，你会感受到令人难以置信的转变，还会给你带来强烈的视觉冲击。

描绘空间：在纸上画一个游戏场地的草图。从空间整体形状的基本轮廓开始，然后是空间的固定特征，最后到特定的元素——包括现有的自然特征，如永久结构、沙箱、路径、树木、卵石、花园区域和栅栏。另外，还要确定地表材料，并注意可能影响设计的水源、大门、楼梯和建筑门窗的位置。

记录测量：在完成草图之后，开始记录测量结果。有两个人帮忙测量是很有帮助的。承包商的测量轮是一种方便的工具，可以快速移动，并能测量较长的距离。一个人测量并说出数字，另一个人帮忙在草图上记录测量结果。首先记录整个游戏空间的长度和宽度，其次记录每个单独的游戏空间的大小。要谨记的是，如果要获得固定物品的精确位置，那么至少要测量它与两个不同的参考点之间的距离。例如，从栅栏和小路两个参考点分别测量其与树木的距离。一定要在草图上清楚地记录每个维度的起点和终点。可以用一条两端有小垂直标记的线来表示测量值。花些时间复查测量结果，确保测量数据的准确性。

将草图转换为比例图：一旦你把所有的尺寸都记录到草图上，就该按比例画图了。我发现把草图转移到方格纸上很有帮助，这样一个方格就可以作为一个测量单位。把平面图画得尽可能大，一定要确保纸张足够大，并能够留出一些边缘空间。

画设计示意图：现在你有了一个比例图，是时候通过安排和界定游戏区的位置来进行一个初步的设计了。我通常会复制一些草图，这样我就可以在不同的区域位置进行操作，看看哪个方案最合适。本书中介绍的每个游戏区都包含关于区域位置选择的考虑因素，包括阳光、阴影、地面覆盖物和空间的数量，以及该区域是否安静、嘈杂、活跃或混乱。一般来说，我们习惯于从不能改变的固定特性开始设计。我通常先确定水源的位置，并在可能的情况下确定附近的玩水区和玩沙区。现在是时候发挥创造力，与同事一起制订计划了。利用反思、头脑风暴和灵感照片库来决定如何将空间最佳化利用。将初步设计细化为最终的示意图，可以考虑用计算机绘制一个彩色的示意图，如果你没有相关的软件或技术，可以找一个愿意帮助你的家人、同事或朋友。

做预算：设计阶段的一个重要部分是做预算。现在你的设计已经完成，游戏区的位置、大小和地面覆盖物最终确定。你已经计算好材料的数量并确定了定价。景观公司的员工能够帮助我们根据空间的长、宽和深度确定所需材料的多少，不过我们需要将运费考虑进去。

温馨提醒：虽然有一个总体设计方案很重要，但我想强调的是，在设计过程中，这个方案会发生变化。大多数情况下，这些改变最终都会比最初的计划更好。边界可能会因为发现的树干的形状和大小而改变。在实际创设一个区域时，教师可能会遇到比草图需要更多或更少的空间的情况，也可能会遇到没有想要的材料或家具的时候。有些人可能会在收集材料的过程中发现一个独特的元素或者想出一个独特的新想法。我鼓励你灵活地接受这些改变，因为结果一般都很棒。

（五）行动阶段

行动阶段，即根据计划开始游戏场地的改造阶段。一个确切的行动计划将产生一个成功的项目，确定要做的工作并制定一份时间表，你可以在时间和资源允许的情况下一次性完成整个户外游戏环境的改造，也可以将项目划分为多个阶段完成。

同时，要记得列出地面覆盖物、家具、固定装置、配件和每个游戏区所需的材料，你也可以从本书中对各个游戏区的介绍中获得所需材料的具体建议。一旦确定了需要购买的材料和可以得到的捐赠材料，就可以收集或购买它们，并安排交付。

寻找和收集游戏区中的松散材料是一件令人兴奋且充满乐趣的事，我和其他人都发现这很容易让人上瘾。松散材料无处不在，所以要时刻留意。在你家或邻居的院子里、社区里，或者在海滩、沙漠、山脉或湖泊里，你都可以找到一些天然的松散材料，如种子、树叶和岩石。在一些国家公园，收集掉落在地面上的自然物（如松果和枯木）来使用是被允许的，不过最好还是事先查看一下当地的规定。记得要让儿童参与进来——因为聚集和搬运是他们最喜欢的活动。在私家车库进行的家庭旧物出售以及旧货店，是找到锅碗瓢盆和厨房用具等材料的经济又实惠的场所。装修商店和捐赠中心出售新的或半成新的家具、家居用品、建筑材料或其他物品，这些都是收集可回收利用物品的完美场所。还可以从橱柜制造商（木头废料）、树木修剪者（树枝废料）和电器商店（纸板凹槽模型）那里找到松散材料。研究一下当地社区里免费的或便宜的资源，或者向当地的其他教育工作者寻求建议。与你的邻居、家人和朋友说明松散材料是什么，征求他们的意见并请求他们帮助收集，你可能会对他们的贡献感到惊讶。

确定项目的开工日期，并为改造准备好场地。有些工作需要在开工前完成，如移动围栏、拆除一个固定的攀爬结构或者铺上人工草皮。有些家具（如泥巴厨房或舒适区域里的家具）可以提前建造。根据游戏区整理材料和设备，并确保所有重要的物品都是可用的。例如，你可能需要用塑料扎带绑住一个芦苇栅栏，用油漆给小桥染色或者用螺丝固定轨迹墙所需要的雨水槽。准备好充足的材料可以为后面的各项任务节省时间，促进任务早日完成。

（六）项目建设阶段

在显眼的地方张贴项目开工的信息，并提前告知日期、所需的捐赠物、设备和其他支持。给平面图涂上颜色，可以看到预期效果。积极主动地向家长寻求支持，可以在儿童被接送的时间里与家长讨论这个项目，并鼓励他们报名和提供帮助。也许有的家长会修剪树木，有的家长可以收集树干，还有的家长能够向幼儿园捐赠石头、木头或砖块。你通常会发现在特定领域有专长的家长，如木工或园林师，都会很乐意帮忙。大部分的工作对于技能没有严格的要求，只需要参与者愿意参与并努力工作。拖运砂石属于劳动密集型工作，工人采取轮班工作制。虽然有些家长可能无法投入一整天的时间，但是他们也非常愿意贡献几小时。为家长们提供劳动工具，如手套、手推车、耙子和铁锹。对于不能参加幼儿园工作日的家长，考虑给他们分配可以在家里完成的工作，如做枕头、修理设备或者切圆木片（树枝和原木切片）等。

为前来提供帮助的朋友们提供水、零食和午餐。在分享食物的过程中，会产生大量的对话和提高团结意识。当儿童在分享他们的奶奶画的桥或他们的父亲做的沙滩时，他们会表现出自豪感与归属感。家长和幼儿园的教师在打磨木材和组装家具时相互联系与合作，促进了家园合作，同时是节省成本和时间的一种方式。参与项目建设是一项能够帮助家长增加志愿时长的方式，因为幼儿园的相关规定对家长参与幼儿园活动具有一定的要求。对家长来说，参与志愿活动与游戏场地的建设还有其他好处。例如：允许参与者学习新技能，为参与者提供了一个结交朋友的机会。关于家长之间分享体验的对话甚至会持续到工作完成后。对家长来说，没有什么比意识到志愿活动能够对儿童的教育产生的影响更大的了。

四、改造儿童户外学习环境注意事项

无论是室内还是室外，环境都需要反映出参加项目的儿童和家庭，以及当地的社区、景观，并以当地的自然资源为特色。此外，室内和室外环境都需要包含可以独立使用的永久性游戏区。特别是在户外，有很多因素需要在创设过程中被考虑到，如选择能够适应季节和天气条件变化的材料以及材料的耐用性。同样重要的是，要考虑美观、功能和成本效益。

（一）本地特色自然资源

让游戏场地代表一个社区的景观是设计的一个重要方面。该地区的自然元素应该占主导地位，以提供归属感和熟悉感。某所幼儿园位于美国加利福尼亚州圣莫尼卡市，距离沙滩只有三个街区。游戏场地充满了沙子、浮木、海玻璃和来自当地海边的贝壳。由于学校附近有崎岖的岩石海岸，因此，有很多岩石和鹅卵石被带入游戏空间，用作游戏区的边界、美化环境以及供孩子们游戏的松散材料。

泰国曼谷的黎明学校位于一个自然环境优美的社区。幼儿园的户外环境包含了体现曼谷文化精髓的设计元素，包括水、土、木，它们代表着宁静、祥和、美丽、丰富和奇妙三处。幼儿园游戏场地景观优美，有池塘、小溪、郁郁葱葱的绿树和岩石，并且充满艺术气息，还有大量的可供攀爬的榕树以及用竹子制成的扫帚和水槽。儿童从池塘中抽水进行游戏，在水龙头下清洗小脚丫，在用石头以及深颜色的木头铺成的弯弯曲曲、充满挑战的小径上行走。同时，游戏场地充足的沙子可以供儿童开展"挖掘和改造"游戏。整所幼儿园的场地是体现社区文化的一个很好的例证。

（二）创建永久性的空间

和室内游戏区一样，户外游戏区的材料也要富有吸引力、组织良好以及易于取放，并可供儿童自由使用。空间的设计要有明确的特征，这样儿童才知道该游戏区适合开展什么游戏。在每个游戏区，儿童可以找到特定类型的游戏所需的所有材料，以及具有使用它们的适当空间。例如，大型运动区有轮胎、板条箱、树干、木板和梯子等松散材料，可用于建造以及用于攀爬和练习平衡的大型结构。儿童可以随心所欲地移动材料和重新设计空间。

（三）天气和户外材料

一些教师提到，户外活动并不是他们一天中最喜欢的部分，因为把材料从储物间或教室里搬进搬出需要花费大量的时间和精力。我能想到的一种解决方案是将材料留在室外，规划好展示它们的方式，并保护它们不受过度风化的影响。雨雪天气、冷热气候以及沿海空气都会损坏户外材料和家具。物品是否能够长期保存并保持美感，取决于材料。在置办家具时，回想一下你在选择室内家具时所看重的许多类似的特点，如耐用性、易使用性、功能性和设计感。然而，主要的区别是，户外家具和材料必须能够经受风吹日晒。值得注意的是，没有什么是百分百防风雨的，不过在花费时间和用金钱购买户外材料之前，有一些必需的因素是需要我们考虑的。

自然材料：自然材料来自自然，本身就属于户外，这使得它们成为户外游戏中完美的松散材料。不用担心岩石、贝壳、松果、树叶和浮木被雨水淋湿，在需要时及时更换它们即可。天然物品都很环保，可以直接作为垃圾丢弃或者作堆肥处理。

户外庭院家具：木制户外庭院家具，如长凳、桌子、墙板、书架、凳子和咖啡桌，用来存放物品是个不错的选择。经过水基木材染色剂处理后的家具非常耐用，适合在户外使用。木制家具的预期寿命取决于气候以及家具是否暴露在阳光和雨雪天气下。户外木制家具随着时间的推移会变成灰色，所以需要每年或在必要时用防水涂料和密封剂进行保养，以防止其表面干燥和开裂，并防止水分渗入木材。如果家具暴露在雨雪中，那么记得用防水罩（如烧烤罩或防水布）保护，倾斜家具有利于排水。把户外家具放置在能够被遮挡的地方，如庭院的屋檐下，也可以延长其使用时间。

不锈钢和镀锌钢：不锈钢具有耐水性，并且由于添加了铬层而耐腐蚀。镀锌钢表面涂有一层锌，这使得它也能抗腐蚀。普通的钢由铁制成，当暴露在雨水或湿气中时就会生锈。铝也不是好的游戏材料选择，它虽然不生锈，但很容易被腐蚀。使用能增强材料视觉冲击力的容器，如浅口容器的效果就很好，因为如果容器太深，儿童就看不到里面的材料。同时，最好选择带开口篮筐的金属容器，这样底部的沙子、灰尘和水就会从容器中掉下来，不会堆积。

纺织品类：纺织品可以"软化"空间，使游戏区看起来更舒适，同时更受儿童的喜欢。如今，许多户外织物的设计都可以抵御恶劣的天气，尽管它们并非完全不会受到损害。任何放置在室外的物品都会积满灰尘，而且在阳光下会褪色。保持户外坐垫美观的最简单的方法就是把它们盖起来，或者在不用时把它们放置在室内。考虑可拆卸和易于清洗的物品。户外地毯可以"定义"和"扩大"所需的空间。寻找由竹子或剑麻等材料制成的地毯，因为它们的维护费用通常很低。户外的地毯也需要经常维护，在雨季时需要搬到室内。

塑料：虽然塑料制品在户外可能很受欢迎，但大多数塑料制品会削弱而不是增强自然环境的美感，因此，建议大家减少塑料材料的使用。

> **户外维护**
>
> 户外游戏场地和家庭庭院一样需要定期维护,没有一个院子是无须费用的。一年到头,材料都需要定期粉刷、翻新、清洁、修理、清理和更换,以避免出现更昂贵的问题。定期的预防性维修计划对预防儿童安全问题以及后期维修都是非常有帮助的。

(四)故意破坏行为

不幸的是,对一些幼儿园户外环境创设项目来说,故意破坏行为是一个主要的问题。故意破坏会影响到儿童、家庭、工作人员和社区,而且更换材料和清理操场需要花费时间和资源。类似地,一些幼儿园附设在有高年级的学校里,大一些的儿童经常在放学后过来玩游戏,可能也会对游戏材料造成潜在的伤害。这些担忧是合理的。这里有一些防止游戏材料被破坏的建议。

- 让社区成员参与设计和建造游戏场地,因为他们不太可能破坏自己投入了时间、精力和努力才得来的成果。
- 让材料可见,而不是把它们锁起来。这似乎与我们平常的做法不符,但我的经验是,关闭和上锁的存储材料会更加吸引孩子们的好奇心。他们对仓库里有什么充满着好奇,把材料放在外面反而会消除神秘感,旧木头、水槽、锅碗瓢盆不会让儿童感觉很兴奋。
- 把入口和出口锁上。
- 夜间使用安全灯来使区域保持明亮。
- 在院子周围种植灌木。
- 安装监控设备。摄像头的存在可以成为一种威慑。一些安全系统会在摄像头检测到物品被移动时给你发通知,并且你也能够在手机上观看到实时画面。
- 让儿童参与另类的幼儿园活动,例如在学校建筑上画一幅壁画或者参加学校花园里的工作。
- 确保材料的安全性。

(五)美学

具有吸引力的事物是美丽的、有感染力的。环境中的审美对象会影响儿童和成人在周围环境中的感受和行为。在改造户外游戏环境的过程中，最大的变化就是自然材料代替了塑料材料。回想一下你在户外的小路或海滩上散步的情景，你欣赏着沿途的自然美景，突然间出现了一块塑料片，这是不是会让你感觉它与自然材料格格不入。同样的道理也适用于游戏场地。当你的眼睛扫视场地时，自然材料融入其中，而蓝色的塑料铲却格外显眼，让人不自在。即使圆木片不是作为"铲子"的最佳选择，但至少它们不会分散注意力。因此，我们要用金属容器替换塑料容器，用鲍鱼壳、扇贝和椰子壳代替塑料铲子。也会有例外的时候，例如，我们需要把黑色的塑料储物箱放在院子里。不过我发现黑色的板条箱是可以与户外环境融为一体的，不会让人分心。但是，总的来说，我鼓励大家使用自然材料取代塑料材料，以提高游戏场地的美学吸引力。

自然元素：通过使用树干来作为玩沙区的边界，或者放置岩石，使其看起来像一个小小的河床，以此美化游戏场地。木材和河流中岩石的自然色彩使游戏场地看起来很壮观。学校周围的岩石带、景观岩石以及干涸的河床，为小路的边缘增加了视觉趣味、纹理以及对比感。自然的地面覆盖物，如沙子、砾石和游戏场地专用树皮都可以成为儿童游戏的素材，儿童使用这些松散材料进行想象和构建。安装天然的芦苇花园围栏，既简单又实惠，还能够给人带来隐秘感和自然美，同时它是卷式的，可以直接连接到现有的围栏上。竹卷、栅栏板和屏风价格都比较贵，不过也有其他的选择，例

如，考虑利用原木、岩石或掉落的树枝制作围栏。松果、橡子、种子和树叶可以进一步增强游戏场地的美感以及丰富儿童的游戏机会。还可以用当地特有的季节性松散材料（如葡萄藤、葫芦、干花、栗子、蓝花花荚和常绿针叶）增强游戏材料的感官魅力。

艺术要素：通过在整个游戏场地放置吸引人的材料来增强户外空间的美感。户外装饰，如植物、纺织品、雕塑和艺术作品，可以完全改变游戏空间带给人的感觉。在栅栏或建筑物上增添装饰，使户外游戏区更具有视觉吸引力。光秃秃的墙壁可以用棚架、网格、托盘、百叶窗或悬挂式花盆装饰。镂空原

木上长出的肉质植物或草本植物为空间增加了质感。儿童可以制作功能性的艺术品，如装饰道路的踏脚石或陶土花盆。考虑一下在树叶中放置一些金属制品来创造奇思妙想，如把风铃悬挂在树枝或椽子上。儿童还可以帮忙制作彩色的玻璃珠链，然后把它悬挂在一块浮木上。在游戏场地进行艺术创作不仅能增加视觉吸引力，还能帮助儿童以新的、令人兴奋的方式看世界，同时提高艺术鉴赏力。

（六）功能性

就像在家里设计房间一样，空间规划、布局、使用和存储都很重要。你认为儿童将如何使用每个空间？参考上文提到的"反思阶段"和儿童常见的游戏特征、行为以及他们的兴趣以确定。在每个空间的功能被定义之后，你就可以确定设计和材料的细节。简单地用材料布置一个游戏区与创造一个能显示出功能和特性的空间是有区别的。每个空间都应该被清楚地表明可用的材料，包括适当的工作和存储空间，以及足够的游戏空间。例如，如果儿童想要玩假装做饭的游戏，那么他们需要一个可站立的工作台面，以及能够放置瓶、平底锅、器皿和垃圾的空间，还需要能够独立取水的通道以及允许被弄湿的地面。

存储：一个有组织的、功能性的游戏空间的关键就是拥有足够的且位置良好的存储空间。材料通常存储在简单的架子和容器中。这里有一些保持游戏空间整洁的有用的策略。

- 在每个游戏区创建永久的、明确的存储空间。
- 提供不同高度的存储架。
- 将材料存储在其预定用途附近。
- 把材料放在低矮、开放且不拥挤的架子上。
- 设计可以独立使用的储物柜。
- 放置易于取放的松散材料。
- 呈现有吸引力的材料。
- 将类似的材料放在一起展示。
- 使用美观的储物容器。
- 保持整洁，避免混乱。
- 定期整理。
- 提供多种多样的材料。
- 避免展示过多或太少的材料。

> **户外存储建议**
>
> 虽然没有什么是百分百防风雨的，但有些材料的耐用性能更好。以下列举了一些能够暴露在户外天气中的相关存储物品。

存储设备

· 竹鞋架

· 用防风雨木材制成的商用家具

· 不锈钢或镀锌钢的金属架子

· 用柚木、桉树、红木或雪松等硬木制成的户外家具

· 涂漆的木架

· 木箱

· 铁制家具

集装箱

· 框架式的金属篮

· 不锈钢或镀锌钢材料

易使用性：在放置松散材料时，考虑一下儿童将如何取用它们。巧妙放置松散材料，以便儿童能够看到和接触到材料。为了使松散材料更易于取放，记得把物品放在低矮的架子上或儿童可触及的开放式的篮子和容器中，或者把较矮的材料放在较高的东西前面，这样儿童的视线就不会被遮挡。给儿童足够的时间探索材料，并给他们在游戏空间中移动物品的机会。

简单性：每次只展示 1~2 类材料，并限制容器的数量，架子上有 2~4 个容器是理想的。确定松散材料的数量也是一项有挑战性的工作，材料太多可能会让儿童不知所措，导致材料的误用。材料太少会让儿童感到沮丧，限制他们游戏的机会，也有可能让儿童为了有限的资源而引起冲突。少量的材料不足以让儿童进行丰富的探索，提供更多相同的材料可以让儿童体验到更复杂的游戏。例如，在游戏区放置大量浮木所产生的刺激比只放置几块浮木、贝壳和石头更多、更强烈。

一致性和多样性：儿童通过反复体验和探索来学习，以及增强对事物的理解。熟悉材料可以使儿童在发现新的可能性的同时掌握技能、技术、工具和媒体的使用方法。当儿童使用相同的材料时，他们不仅在认知、身体、社交和情感上建立了联系，也以新的方式应用和扩展了已有的知识和经验。由于这些原因，保持材料供应的一致性对儿童的发展很有帮助。不过，儿童也喜欢惊喜。添加一种新的工具或材料，或者改变物品的展示方式，可以激发儿童的兴趣并扩大游戏的可能性。例如，将带有华丽的螺旋纹的大贝壳添加到自然材料中，可能会刺激儿童进行"螺旋设计"创作。因此，儿

童既需要一致性，也需要多样性。

（七）成本效率

预算、时间和空间限制是一直存在的问题。但是，在有限的资源下，也有许多经济实惠的方法用以改造户外游戏场地。升级回收材料、自己制作、商业购买、使用自然元素都是可能的选择。

重新利用不需要的物品：创设有趣的游戏空间并不需要昂贵的材料或游戏设备，我们可以回收利用不需要的物品。雨水槽或排水管能够促进水的流动或让球滚动，它们的成本大大低于商业游戏公司出售的相关游戏器材。一个大桶可以被升级改造成一个舒适的空间，一个水槽可以被改造成一个小小世界的容器，一个完整的声音花园可以通过将烤盘和烤盘架悬挂在窗框上来创设。利用庭院销售、重复利用和回收的在线网站以及旧货店获取我们想要的材料。同时，一定要充分发挥你的想象力与创造力。

节省人工成本：安装时，请自己动手，并向家长志愿者寻求帮助。为家长提供参与有意义的活动的机会，有利于与家长建立有效的伙伴关系。

批量购买：从景观供应商处批量购买地面覆盖材料，如沙子、砾石、树皮和泥土。这些材料虽然需要送货费，但仍然比预先包装好的小袋商品更实惠。

存储树干：树干和原木增加了自然的美感，在游戏场地能够产生强大的审美影响，但是它们很难获得。可以与修剪树木的公司联系或让家人、邻居和朋友帮你留意。注意幼儿园附近或小区内是否有倒下的树木，在事先征得居民的同意后将其用作儿童游戏的材料。我总是把捡到的树干存起来，即使我并非急需它。但由于树干具有易腐性，因此需要定期更换。

寻找免费的自然资源：在教学过程中，我最喜欢的部分之一就是寻找免费的自然资源。在我的后院，我会将某些材料称为未来的松散材料（也就是说，需要等待有些松散材料从树上掉下来），如液体琥珀树或甜桉树球、松针和蒙特利松树的大球果。我总是在车和口袋里放一两个额外的袋子，用来收集外出时发现的自然材料。在附近散步时，我发现了玫瑰松果（雪松树）、迷你松果（短叶松）和橡子。我走到湖边，发现了许多漂亮的浮木。在开车的时候，我停下来收集棕榈树的树皮、桉树的树皮和豆荚。在一个家庭小屋，我找到了巨大的糖松果（60厘米长！）和熊果树枝。无论我走到哪里，我都会积极探索，发现当地的自然类松散材料。

自然材料会因你所处的地理位置不同而有所不同。在从州或联邦公园收集材料之前，一定要查看当地的规定，因为这可能被禁止或需要申请许可。对于那些不喜欢收集的人来说，他们可以通过许多网站和工艺品商店买到自然类松散材料。

【注意】一定要确保你发现或购买的任何自然材料是安全、无毒的，确保将它们放置在生活环境中不会对人类或宠物造成伤害。

（八）风险、危险和游戏

> "日常生活中总是存在一定的风险，孩子们需要从小学会如何应对。他们需要学习如何承担预期的风险，为了促进这种学习，他们需要挑战和冒险游戏的机会，需要自由前进和行动。"
>
> ——玛丽·威洛比（Marie Willoughby）（2011, p. 7）

虽然保护儿童的安全是最重要的，但如果限制儿童在户外进行危险的游戏，就会妨碍他们的成长。儿童需要亲眼看到并亲身体验风险的后果。作为幼儿教育工作者，我们的职责是了解儿童游戏中风险的重要性，并确保在安全与风险之间采取平衡与周到的方法。当儿童迎接挑战和体验冒险的行为时，他们不仅会发现自己的体能极限，还会发现自己能做什么。埃伦·比特（Ellen Beate）、汉森·桑塞特（Hansen

Sandseter)、拉斯穆斯·克莱普（Rasmus Kleppe）以及奥利·约翰·桑多（Ole Johan Sando）等人的一项研究发现：有风险的游戏对儿童具有吸引力，能够给儿童更多自由选择的机会，儿童参与这类游戏的频率与其他典型游戏相同，如象征性的游戏（2021）。琼·阿尔蒙（Joan Almon）讨论了儿童应该被允许的冒险行为，如攀登或在专为儿童设计的滑梯上滑行。她指出，儿童具有自然的风险评估能力，需要被教育者培养和鼓励，而不是抑制（2013）。游戏在增强儿童心理弹性和风险管理技能方面发挥着重要作用，这些技能将有助于他们长大成人。

　　首先，重要的是区分风险和危险之间的区别，游戏场地允许存在风险，但应保证安全，不包含潜在的危险。根据弗兰·沃勒奇（Fran Wallach）的说法，游戏场地的危险情况是指用户由于无法看到或缺乏评估而导致的事故。因此，伤害是隐藏的。另一方面，风险允许游戏者识别挑战，评估挑战的级别并决定如何处理它。是否穿过悬索桥是一个具有风险的决定，因为当儿童在过桥时，连接处可能会因生锈断裂而导致桥倒塌（Jambor，1995，p. 7）。大多数操场上的伤害是由危险造成的，而不是儿童评估风险的能力较差导致的（Jambor，1995）。

　　研究人员正在调查为儿童提供户外冒险游戏机会的最佳策略，以最大限度地减少危险，如创设冒险游戏场地或提供可在传统游戏场地自由操作的非结构化游戏材料（松散材料）（Brussoni，Olsen，Pike，& Sleet，2012）。冒险游戏场地充满了开放性的材料。它们基于这样的原则，即儿童可以控制他们的物理环境，并可以改变和增加它。摩根·莱希特–萨克斯比（Morgan Leichter-Saxby）和吉尔·伍德（Jill Wood）比较了有固定设备的操场和冒险游戏场地上的受伤情况。研究结果显示，大多数伤害都发生在有固定设备的操场上，同一所学校的冒险游戏场地更安全。他们的结论是，冒险游戏场地更安全，因为儿童可以更好地控制风险（2018）。因此，我们要做的是：消除真正的安全隐患，让儿童去冒险。

五、开始行动吧！

　　既然你已经知道了改变户外环境的内容、原因和方式，那么现在是时候深入研究如何丰富户外游戏区了。在推动环境改造的过程中，希望你能从下文所展示的想法、故事和视觉图像中得到鼓励，为儿童创造有意义的空间，让他们茁壮成长。

第二章
艺术工作室

布里塔尼老师与孩子们一直在谈论他们和其他人独特的面部特征。她认真倾听孩子们对相似点和不同点的理解和误解。为了进一步挖掘他们的想法，她决定在户外艺术工作室投放一些松散材料，引发孩子们创造"脸"的行动。在孩子们到来之前，布里塔尼收集了各种各样的材料，包括瓶盖、勺子、金属环、金属链、海玻璃、贝壳、餐巾环、软木塞、纱线和夹子。她把松散材料放在桌子中间，然后把相框放在桌子周围。布里塔尼观察孩子们对身份的看法，因为他们通过行为和对话来表达他们的理解。7岁的萨米选择了人造冷杉树来做毛茸茸的"眉毛"。他设计的"眼睛"对称且复杂。每只"眼睛"都被放在一个有着金属装饰的模板盘中，"眼睛"的中间有一个巨大的玻璃石头嵌在一个金属餐巾环中。这种设计类似于虹膜内的瞳孔，周围的巩膜（眼睛的白色部分）位于眼窝中。奇怪的是，萨米将左眼涂成了蓝色，右眼涂成了绿色。当我们询问他为何会选择这两种颜色时，萨米回答说："我喜欢蓝色和绿色。"

一、艺术工作室的作用

户外艺术工作室是一个多功能性的、具有强烈的视觉吸引力以及能够鼓舞人心的儿童游戏空间。它是为艺术体验而设计的，如在不同的媒介表面进行绘画、设计、建模或以新的方式改造材料。户外艺术给儿童的创作过程带来了全新的视野；新鲜的空气、芬芳的气味和大自然的声音能够刺激感官，有助于培养儿童的创造力。这里有更多的自由、更少的忧虑和混乱。那些不敢进入室内艺术领域的儿童可能会被户外艺术吸引。

  建立一个艺术工作室并将其作为一个可持续的艺术空间，是一种重复利用现有材料、减少浪费、降低消费品支出的好方法，同时还能够培养儿童的创造力。达米恩小心地把五颜六色的瓶盖放在地上的一个大相框里，并将它们按扇形排列。拉克希米通过将金属丝插入 5 厘米 × 20 厘米的波纹塑料片的孔中并将其连接起来制作了一个雕塑。蜂窝状塑料片是他在一家回收商店里发现的。许多松散材料都是可回收材料或来自自然环境中的物品。向儿童讲述和实践可持续发展理念可以帮助他们认识到环境的价值，为儿童成为具有环境保护意识的人奠定基础。

  要知道，如果儿童以前没有使用过可持续性材料，或者把艺术作品带回家是当前幼儿园文化的一部分，那么他们可能想要保留自己的作品。拍摄作品的照片对于记录创作过程很有帮助，我们可以将照片放进儿童的作品集中。另一种选择是使用"工作进行中"的标志，如果儿童想继续创作，那么教师就可以把这个标志放在他的作品旁边。如果儿童使用的可持续性材料越多，他们想保留作品的可能性就越小。记住重要的是过程，而不是作品。

> **图式学习**
> 搬运：将材料运送到工作台上。
> 变换：绘画；混合颜料；用松散材料创作艺术品；脸部绘画；清洗颜料工具。
> 围合 / 包裹：绘制封闭的空间或形状；在画框内画画；用颜料涂满整张纸或画布；
>   分层拼贴材料；用颜料涂抹双手。
> 连接 / 断开：连接材料以表示自己想要做的作品；拆分材料。

二、艺术工作室促进学习

（一）促进社会与情感能力发展

  自由地使用所需的艺术材料可以建立自信心，因为儿童能够体验到自己的选择、行动以及成功的结果。当儿童长时间重复使用相同的材料时,他们会获得安全感和胜任感。例如,当查理向妹妹贝尔纳黛特展示如何在绘画前将水刷在石板上时,其领导力得到了发展。这样做的结果是,这比单纯用干粉笔画画留下的颜色更深、更丰富。

儿童可以通过艺术表达自己的想法和感受,尽管这些艺术可能会让人不知所措或难以驾驭。乔伊的家人因为洪水不得不撤离家园。这一整个星期,他利用在艺术工作室发现的松散材料,多次再现了人们在遭遇洪水时疏散的场景以及家园受到的破坏。这个游戏给了他寻求自信和理解的机会。

儿童轮流分享材料和空间。马里亚诺、阿里和亚里克莎在一张桌子上工作,共用一个旋转容器,里面装满了自然类松散材料。儿童在互相表达他们的需求时,可以自由地旋转容器,这样物品就可以触手可及。儿童也会合作创作艺术品。

(二)提高语言沟通能力

艺术既是一种语言,也是一种过程。儿童的感受、思想、想法和反应都可以通过艺术来交流。艺术探索的机会能够帮助儿童重演生活中的经历。儿童的语言技能随着他们对材料的讨论、探索和行动而发展。此外,这一阶段,儿童以自我为中心,专注于自己的事情,喜欢谈论自己的创造。在没有规定结果的情况下操作松散材料是令人感到放松且治愈的。当儿童进行艺术创作时,对话就会自然发生,人际关系也会得到发展。

(三)提高认知能力

当儿童在艺术工作室接触开放性材料时,他们会探索和实验,做出决定,解决问题并发展概念。从环境中提供一些松散材料,可以帮助儿童更直接地与他们的物理世界互动,并获得概念上的理解。例如,当一个木制的雕塑掉下来时,儿童对重力的理解得到增强。当儿童把熟悉的物体转换为具有平面特征的作品时,他们增加了平衡和对称的意识,并练习了将视觉信息和记忆转移到平面上。当莫妮卡用瓷砖铺出一条小路时,她关于"方向"的知识增加了。

儿童在使用艺术材料时逐渐获得关于数量、形状、大小、重量、空间关系和体积的数学概念。在进行表征时,儿童发现橡子、石头、松果和贝壳的形状、大小、长度、重量及厚度各不相同。儿童能够通过松散材料认识到许多几何形状。例如,莉拉将几根树枝组合在一起建造了一座房子,这个过程展示了各个部分是如何组成一个整体的。

儿童根据皮革、金属、木材、玻璃、橡胶和塑料等不同的特性来识别、比较和分类。当他们把金属环之类的物品放在工作空间时，他们会意识到空间的有限性和组织性。

（四）提高身体运动能力

通过使用美术材料和工具，儿童的运动能力得到了加强和提高。手（如手指）和手臂的肌肉协调能力随着摇晃、抓握、举起、放置、伸到、张开和铲取松散材料等动作而得到改善。当儿童伸手去拿东西并把它们放在工作台上进行探索、改造或创造表征时，他们的眼-手协调和视觉运动感知能力就会提高。以哈珀为例，她反复用不同的松散材料设计一个"太阳"。今天，她为自己的设计挑选了桂皮和绿色小贝壳。她用右手捧着贝壳，用左手的食指和拇指夹住贝壳，一次捡起一个。"这些贝壳真的很小，我得紧紧地抓住它们。"通过控制工具，施加不同程度的压力，儿童的手部和手臂的肌肉会增加。儿童需要根据材料的形状和大小调整抓握方式，并且逐渐明白，刷子只能够让物体表面发生变化，而马铃薯捣碎机则能够让物体整体发生变化，厚树皮则需要儿童采用与抓海绵不同的抓握方式。用松散材料创作艺术也给儿童提供了重要的感官体验。儿童学会识别物品的特性（例如，圆木片有各种各样的颜色、质地、气味和重量）并加以区分。

（五）增强艺术表现力

开放式艺术可以培养儿童的好奇心、灵活性、创新性、调查力和脑力。在户外工作室中，松散材料可以促进儿童的创造性表达能力、独创性和个性的发展。同时，我们要记住，创造的方式没有对错之分。例如，埃夫丽尔发挥自己的创造力和解决问题的能力，选择了让她能够想起乌龟身体部位的松散材料。当艺术工作室提供了很多松散材料时，儿童就可以随心所欲地改变自己的想法。埃夫丽尔挑选的金属件也被其他儿童用来制作城堡、机器人、太阳、昆虫、直升机、怪物、人等。由于松散材料是开放性的，因此创造的可能性是无限的。

三、基本组成部分：艺术工作室需要什么

空间位置

将户外艺术工作室设在露台或走廊上是一个不错的选择，如果有一个遮篷会更好，

因为它能够在炎热的天气和雨水天气保护儿童，这样儿童几乎可以全年使用这个空间。遮篷可以包括凉棚、凉亭、遮阳篷等，教师可以自制或在大型零售商店里购买这些物品。雨伞可以根据需要进行调整或移动，以避免日晒雨淋。艺术工作室需要有吸引力和美感。提升美感的一种方法是将空间置于自然元素中。将空间置于树木、草丛或能够提供不同颜色和质地的灌木丛旁，或者将植物放置在附近好看的陶瓷花盆中。

工作空间

当设计艺术工作室时，从功能性开始。材料必须是易于使用和获取的，必须有不同的创作空间。一个坚硬的工作台面（如桌面）是必不可少的。对一组 24 名儿童来说，能够同时容纳 6 名儿童共同工作的桌面是足够的，因为不是所有儿童都会在同一时间进行艺术创作。考虑在地面上为喜欢伸展四肢或无法坐在桌子前的儿童设计一个专门的工作空间，可以是一个低矮的木制平台或光滑的地毯区域。低矮的长凳、倒置的板条箱或树干都能创造出意想不到的工作空间。在工作台上展示有趣的松散材料，以引起儿童的探索兴趣。

用相框、大瓷砖、地垫、木板、木托盘和亚克力镜子创建明确的工作区域。这些物体除了定义空间外，还提供了视觉上的吸引力。确保最小的桌面面积达 30 厘米×30 厘米，以方便儿童创作。每把椅子前面有一个框架，用来放置桌面物品。请注意，儿童可能会创建自己的边界，并在指定的工作空间的顶部、周围或内部放置材料。

对绘画来说，画架的价值巨大。站在画架前画画可以让整个手臂和整个身体都动起来，这是一种不同于坐着画画的体验。垂直安装的画架需要的空间更少，如果画架大，那么可以让更多的儿童参与绘画。画架可以由专业人员手工制作，并安装在栅栏或建筑物上。画架和画纸的高度至少要到儿童的胸前。对于学步儿和学龄前儿童，画架的底部通常离地 45~60 厘米。90 厘米×90 厘米的尺寸可以让 3~4 名儿童并排画画。在画架的底部放置画盘，可以同时安装颜料杯来接住滴落的颜料，或者在旁边放一个小桌子，专门用来放颜料。记得给儿童提供夹子，这样方便儿童将画挂起来或取下来，同时要记得在画架附近拉一根晒衣绳供儿童把画晾干。

这个空间最初是家庭托儿所中婴幼儿的安全游戏区。绿色的人造草皮覆盖着地面，还有尼龙制成的"隧道"、大枕头、被子、塑料玩具和家具。

当我们决定将这个空间变成一个艺术工作室时，草皮是第一个被拆除的元素。区域两侧的户外拼花地板给人温暖的感觉，并且很容易冲洗干净。一条带有踏脚石的宽大的砾石区将儿童引入艺术创作区，同时将空间分成两部分。后面的围栏上安装了一个 1.2 米 ×1.8 米的木制画架。宽大的画架可以让几名儿童并排画画。在木桌上放一块厚厚的丙烯酸板作为孩子们的工作台面。放置在芦苇垫子上的木板为艺术工作室定义了单独的空间。一棵盆栽放在桌面的中心，增加了美感。树干被雕刻成椅子。制作和设计的材料存储在便携式金属罐中，方便取用。

艺术工作室改造之前

艺术工作室改造之后

设计艺术工作室的小贴士

1. 将类似的东西组合在一起。
2. 将材料存储在相应的容器中。
3. 在设计和创作作品时使用可持续性材料。
4. 把材料放在转盘上，方便取用。
5. 使用垫子界定艺术工作空间。
6. 让所有儿童都能接触到材料。
7. 让工作室中充满丰富的自然或人造材料，以强化感官，并传达出这是艺术家的场地。

丰富艺术工作室

可持续发展的艺术工作室充满了丰富的自然材料和人造材料来满足你的感官需求。仔细挑选松散材料，这些松散材料可以发展你的视觉（各种形式、颜色和大小的物品，如变色的木材)、触觉(粗糙的无花果球、光滑的树皮)、嗅觉(迷迭香、松果)、厚重感(沉重的树枝、石头)以及听觉(金属环、链条)。附加元素(如风铃、金属墙饰、竹墙嵌板、陶器、雕塑、植物等)可以激发灵感和提升美感。

四、工具和材料

自然类松散材料	橡子、竹子、树皮(棕榈树皮等)、梓树豆荚、肉桂条、玉米苞叶、浮木、桉树豆荚、干花、叶子、橡树瘤、松果、松针、海豆、贝壳、树枝(小的和大的)、石头(如岩石等)、法国梧桐果、圆木片
纺织品	麻袋、地毯样品、方块布、拉菲亚树叶纤维、缎带、鞋带、麻绳、纱线
片状材料	瓷砖、玻璃、镶嵌图、鹅卵石、水池、石板、器壁
金属	绣花圈、胶片盘、钥匙、金属盖、餐巾环、螺母和螺栓、垫圈
木材	珠子、(晾衣服的)夹子、软木塞、木棒、地板样品、相框、废木材、线轴
塑料	瓶盖、光盘盒、咖啡搅拌器、瓦楞板、杯子、圆筒、胶卷筒、胶卷卷轴、记号笔的笔帽、管道、管道配件、磁带卷轴、束线带
用于指定工作空间的物品	亚克力镜子(30厘米×30厘米)、相框、地垫、盘子、瓷砖(30厘米×30厘米)、托盘、木制砧板
艺术材料	盛颜料的罐/碗,盛放粉笔、刷子和水的容器,为每名儿童提供的画布,粉笔,清洁布,板条箱(用于保存画布),蜡笔,记号笔,颜料,画笔刷,色粉笔,可粉刷的物体(树干、箱子、小桌子),用于清洗刷子的水盆,彩色铅笔,水彩笔,线

注释:仔细挑选塑料制品,使用家里可回收的物品。可以考虑漂亮的纯色材料,如瓶子或记号笔盖。避免那些如酸奶容器类的塑料制品,因为这些塑料制品上面印着不会增加设计美感的图片和文字。

存储和整理

户外工作室的材料用于户外使用,以节省将材料拿进拿出的时间和精力。方便拿取的储存和整理方式是必要的。重型货架或安全稳定的工作台可以展示材料,三层或四层的货架提供了存储空间。可以购买货架或者厚且宽的木板以及混凝土块、树干来制作存储货架。

36 幼儿园户外开放性游戏环境创设

放置的垫子指定了工作空间

在地面上工作形成了新的视野

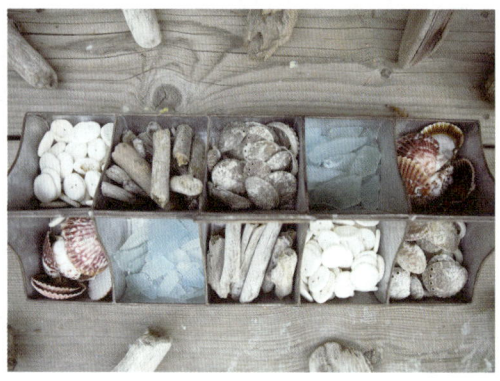

带格子的容器便于储存材料

把物品放在浅容器里或架子上,有利于保持工作空间的有序、整洁,同时可以帮助儿童轻松地找到物品并独立地进行选择。考虑诸如金属篮子之类的容器,它们可以经受住户外天气的考验。柳条篮筐如果被放在有遮挡的地方,也可以保存一两个季节。带有开口的容器特别适合展示材料。

按颜色、材料或形状等类别排列松散材料,例如将所有蓝色或金属材质的物品放在一起。可以在具有类似属性的容器中放置类似的材料,例如在圆形容器中放置圆形材料或在金属容器中放置金属物品。在桌面上放置一些有吸引力的材料,刺激儿童进行探索。用带格子的木碗或篮子收集松果、圆木片、贝壳等自然材料和海玻璃是很好的选择。

第二章 艺术工作室 39

用于做记号的工具存放在一起

绘画用品可供孩子们自行取用

平常的标记材料可以扩展探索的可能性。这些材料可以存储在罐头、竹盒或带格子的容器中。如果儿童想要用胶水将材料粘起来,那么教师就可以向儿童解释:这些用可重复使用的材料制成的艺术品只能保存很短的时间。以上都是关于如何放置与存储材料的一些很好的方式。如果一名儿童想把作品带回家,要了解他想如何重新利用这些漂亮的材料,同时要记得给他的作品拍照,以照片的形式保存下来。

在一个可持续的艺术空间中,大多数儿童探索的是松散材料,所以教师通常不需要提供取水通道,除非孩子们需要进行绘画。

清洁和维护空间

可预见性对儿童来说很重要,要保持艺术材料的陈列和工作室的一致。由于太多的材料可能会让儿童不知所措,因此,材料要有选择性。引导儿童归还物品,并在用完物品后进行清理。松散材料需分拣并放回指定的容器。儿童特别擅长分类。如果儿童的兴趣减退,就更换或添加新的材料。例如,把塑料瓶盖换成瓷砖,或者在自然材料中添加桂皮。有时，新的元素会激发新的兴趣。每天检查是否存在碎片或其他的安全隐患。消耗性材料（如记号笔或粉笔）在用完时要记得补充。在画架上，儿童可以独立完成绘画和清理工作。在附近提供一盆水，让儿童放置用过的刷子和容器。布料需要每天清洗，画架上的颜料可以留下来，涂满颜料的画架增加了画室的美感。其他的日常工作包括给桌面消毒、吹或清扫地板。

五、额外维度

考虑使用画布而不是纸，因为这将会是一个真实的、可持续使用的绘画表面，儿童会在上面反复绘画。艺术家们喜欢在画布上作画，儿童热衷于像真正的艺术家一样，也喜欢用真实的材料进行绘画。纵观历史，艺术家在作品上涂色是一种很常见的做法，尤其是在画布稀缺的时候。记住，儿童享受的是绘画的过程，而不是最终的作品。为每名儿童提供一张画布（40厘米×50厘米），在背面写上他们的名字。把画布放在板条箱里，或者靠在墙上或篱笆上。当儿童想画画时，他们会拿起画布，把它放在画架上。设置一个颜料站，这样儿童就可以很好地进行调色。颜料站包括小的金属碗、刷子、油漆、一桶水和抹布。

小的宠物碗效果很好，因为它们的设计不容易打翻。准备小颜料瓶（容量约为450毫升），让儿童在他们的调色板（碗）上倒出想要的量。儿童可以把他们的调色板放在画架旁边的小工作台上，然后开始画画。完成后，儿童在洗涤盆里清洗刷子和调色碗，并把画布放在一边晾干。儿童一整年都在画布上作画，颜料将变得厚、干，以及有裂纹。不过，多层颜料的叠加能够创造出惊人的纹理。当颜料过厚时，教师可以为儿童更换画布，使其重新开始画画。

支持公平学习

◆ 给儿童足够的时间去尝试艺术材料。

◆ 为那些行动不便、使用助行器或需要适应性座椅的儿童创造参与艺术探索的通道和空间。在地板上、墙壁上或桌子下面创造进行艺术活动的机会。

◆ 提供那些允许扩展画面的材料，如很大的纸或石板。

◆ 鼓励发散思维和非传统的解决问题的方法，并允许儿童以不同的方式使用材料。

◆ 提供不同形状、大小和纹理的工具，以适应不同的握法，这样儿童就可以自如地使用工具和材料。

◆ 鼓励儿童与他人合作进行集体艺术探索，如用发现的材料共同创作拼贴壁画。

◆ 与儿童交流使用工具的方法，并鼓励他们描述自己的行动、感受和想法。

开放式储物架旁边的地毯为儿童提供了与材料接触的舒适表面

一个旧温室被改成了室外艺术工作室

六、创设婴幼儿艺术工作室的一些想法

婴幼儿依赖教育者为他们提供艺术体验，以及培养他们的创造性探索能力。在艺术工作室中创造一个安全的空间来培养他们的好奇心。做标记和绘画对婴幼儿很有吸引力。

做标记的经验

绘画的桌面应该是低矮的或直接放置在地面上的，以适应婴幼儿的身高。一个大的石板砖提供了一个耐用的绘图表面，可重复使用并且易于清洁。给婴儿或学步儿提供大块的粉笔来做记号。完成后，用湿布擦拭石板。

绘画经验

艺术画布或大块硬纸板为婴幼儿提供了绝佳的绘画表面，因为它们很耐用，可以容纳很多颜料。将画布或纸板放在地上，或者提供一个可以让儿童坐在地上画画的画架。学步儿可以独立选择自己的画笔和想要的颜料，但是可能需要我们提供一些帮助，同时他们还可以独立地将用过的画笔放在肥皂水里清洗。

第三章
黏土工作室

当戴安娜（3岁）加入亚里克莎（4岁）和我在黏土桌上的游戏后，她分享了她如何和父母在整个周末玩小猫游戏。据教师谢丽说，戴安娜喜欢猫，经常穿有小猫图案的衣服，戴猫尾巴、项圈和猫耳朵发带等配饰。我瞥了一眼，发现戴安娜穿着一件印有猫脸图案的衬衫。了解到她对猫的喜爱，我给她们讲述了去年春天我去法国西南部中世纪小村庄拉罗米约的旅行，以及安杰利娜和猫的传说。我用手机给两个女孩看了藏在拉罗米约附近的猫雕像的照片，问她们能否找到它们。女孩们兴奋地发现，每张照片中都有一只猫从窗户向外张望，走过遮阳篷，准备从高高的窗台上猛扑下来。当我问她们是否想为安杰利娜做一个猫的雕像时，她们热情地回答说"愿意"。我专注地看着戴安娜开始塑造柔软而有韧性的黏土。她小心翼翼地将一大块椭圆形的黏土塑造成猫的身体，然后将一个大圆球作为猫的头部。当她把一个球形黏土捏成尖尖的三角形时，猫的耳朵就做好了。戴安娜咯咯地笑着把猫的头歪向一边，说："我认为它是一只好奇的猫。"歪着的头确实让我们感觉这只猫充满了疑惑。我想知道这个调整是偶然的还是故意的。戴安娜在桌子上来回搓一块黏土，直到这块黏土形成一条又长又粗的尾巴。她把它固定在猫的背部，经过几次调整，最后她对猫的背部感到非常满意。亚里克莎也把她的猫塑造成椭圆形的身体和圆形的头。猫的背部向下倾斜，因为后腿的长度是前腿的一半。第二天，贝尔纳黛特（2岁）和查理（5岁）加入了制作猫雕塑的行列。贝尔纳黛特把一个黏土球压在猫的身上，这样使猫的腿看起来更自然。查

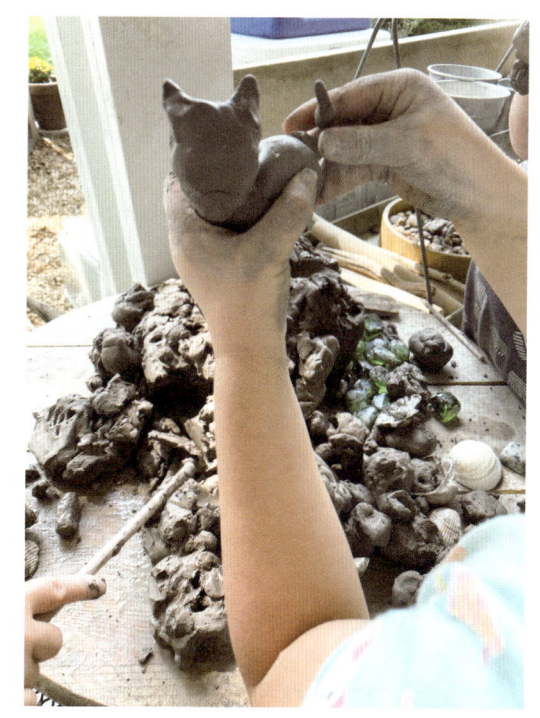

理的猫有一张扁平的脸,她拿起一个建模工具来创建细节和标记。"我的猫有这样的毛。"她用工具在湿润的表面上画出细小的线条来增加纹理。"哈哈哈!几乎完成了,它只是还需要一些胡须。"在接下来的一周内会出现许多小猫雕塑,因为每个小艺术家都有自己的想法。

一、黏土工作室的作用

像天然黏土这样迷人、令人愉快且能够发挥儿童的创造潜力的艺术材料很少。黏土工作室是一个让儿童释放能量、创造力、情感和想法的空间。用黏土雕刻是一项独特的、富有创造性的以及能调动所有感官的活动,适合所有年龄的儿童。婴儿和学步儿喜欢通过敲击、拍打、嗅、戳、抓的动作和嘴巴来探索黏土的物理性质,而年龄较大的儿童可能会雕刻熟悉的地方、人和物品。与橡皮泥不同的是,黏土是一种可持续的自然材料,如果存储得当,它的保质期就是无限的。黏土作品不会被保存下来,而是为了第二天的探索而被回收,因为我们注重其循环利用的价值。如果你还没有体验过黏土,我鼓励你去尝试一下,这样你就能亲身体会到操纵这种柔韧的物质是什么感觉。如果教师之前没有给儿童提供使用黏土的机会,那么他们将需要时间熟悉黏土以及它的可塑性。有规律地使用黏土进行游戏很重要,随着时间的推移,儿童就可以掌握使用黏土的技能和技巧。

> **图式学习**
>
> 变换:将黏土塑造成任意的形状。
> 围合/包裹:把黏土做成圆形或封闭的形状,用黏土将手包裹起来。
> 旋转:滚动黏土。
> 连接/断开:把一块块黏土放在一起,把黏土撕成碎片,粉碎黏土。

二、黏土工作室促进学习

(一)促进社会与情感能力发展

黏土具有可塑性和柔韧性,能够满足儿童表达情绪情感的需求。操作黏土是一种令人感到治愈的、可以释放情绪和能量的有效方法，当儿童塑造和操纵触觉材料时，紧张和焦虑感会减少。例如，在新型冠状病毒肺炎（COVID-19）大流行期间，5岁的索奇特尔在家待了几周后回到了托儿所。疫情期间，她的日常生活被打乱，由不同的成人照顾。她担心自己被病毒感染，也担心自己的祖父生病。她家还经历了经济困难。黏土游戏能让她整理自己的情绪，帮助她发现过去几周的生活是有意义的。黏土是容许失误的，可以重塑和想象，不像一个永久的蜡笔标记或油漆笔画。当儿童把一个黏土球打扁时，他们会觉得自己很有力量，很有控制力。这就好像在传达"我是负责人，我有影响力"。儿童明白，我能改正错误，因此不用担心犯错。如果儿童对他们的作品不满意，他们就会把它压扁，然后重新开始。胜任力、独立性、主动性和满足感随着儿童创造出独特的形状而发展。

在泰国的黎明学校，我看到两个男孩——库萨和菲特，他们从一个很大的黏土罐里挖出几勺黏土，将其放进他们的桶里。他们一起抓住桶的把手，把黏土运到他们的黏土板旁。他们跪在木板旁边，拿出黏土，开始揉搓它。库萨分享了他是如何用拇指来按压黏土的。菲特说他更喜欢利用肩膀的力量，然后用手掌向下按压。库萨尝试了菲特的技巧，发现他也更喜欢这种按压方式。在操作黏土的过程中，男孩们分享了自己踢足球的经历。这两个男孩在与同龄人的互动中变得越来越有社交能力和合作精神。在使用黏土的时候，他们会关注彼此的作品和想法，自信地交流，并从别人的角度来看待事物。另一种展示黏土以促进社会参与的方式是把一个大的黏土块放在桌子上，让一群儿童一起操作，学习妥协、合作以及分享工具、空间和想法。

（二）提高语言沟通能力

当儿童体验黏土的可塑性时，神奇的事情便会发生。他们会自然地开始和周围的人自由地谈论他们的想法和他们正在做的事情。随着儿童学习描述他们的游戏的新单词，如"连续重击""捏""滚动""扁平""戳""撕碎""挤压""卷""拉长""压扁""旋转""弯曲"，他们的词汇量逐渐增加。同时，教师可以用丰富的语言来描述儿童的技术动作，如"雕刻""蚀刻""盘绕""塑造"等，从而扩充幼儿的词汇量。

韩礼德（M. A. K. Halliday，2004）提出，使用黏土可以发展儿童的不同语言功能。

工具性的	满足需要的语言,"我需要更多的黏土。"
监管的	影响他人行为的语言,"嘿,你需要像这样把它敲平。"
互动的	建立和维持社会关系的语言,"你是如何将黏土从(圆筒)中取出来的?"
个人的	表达个人感情、喜好和身份的语言,"我喜欢把黏土卷成蚯蚓。"
启发式的	用于探索、发现和学习的语言,"为什么碎片不会粘在一起?"
富于想象力的	用于探索想象力的语言,"让我们假装这是一座火山岛。"
信息丰富的或表征的	传达事实和信息的语言,"我们将在火山附近增加恐龙,因为它们统治着地球。"

(三)提高认知能力

黏土的可变性、适应性和柔韧性为儿童提供了无限的解决问题的机会。当乔舒亚的脑海中有一个预想的物体(如一个碗)时,他必须弄清楚如何将一个实心黏土球挖空,并做一个底部和侧面。他可能会开始按和拉黏土,或者用拇指将黏土推到中间,然后再捏黏土,然后可能在创建厚度均匀的内壁或修复倒塌的内壁时遇到挑战。而在另一天,他可能会把黏土揉成一条长蛇,或者在光滑、平坦的表面上来回滚动,尝试施加均匀的压力,形成一个线圈。黏土的质地(坚硬或柔软)会如何影响儿童游戏的方式呢?儿童通过对黏土的主动探索和操作来构建知识与经验。每一次新的经历都为儿童提供了建立因果关系、解决问题和发展批判性思维能力的机会。当儿童探索黏土时,他们会注意、感到好奇和提问。"如何消除黏土上的一个气泡?""如果黏土太湿了,怎么办?"儿童积极探索,寻找问题的答案。探索可能还会引发新的问题和思考,例如,儿童发现可以通过工具或物体对黏土的表面进行纹理化。

当儿童能够从不同的视角辨认泥塑时,他们就理解了空间关系。当他们按照大小顺序整理和分类黏土球时,比较、匹配和分类物体的能力在儿童时期就发展起来了。阿伦把黏土卷成长长的虫子,测量其长度。伊莎贝拉考虑重量,她说:"很重!太重了!"儿童一边研究体积,一边把黏土做成立方体、圆锥体、圆柱体、球体和不规则形状。韦罗妮卡建立了对守恒定律的理解,她知道即使把黏土卷成一条长蛇或把它打碎,她也有同样数量的黏土。索尔增加了对质变的认识,他说他的黏土塔比塞缪尔的高。当塔拉在她的黏土上添加另一块黏土时,她展示了对加法的理解;当将黏土拿掉一块时,她展示了对减法的理解；当把黏土分离成碎片时，她展示了对分配法（除法）的理解。

（四）提高身体运动能力

用手加热和揉捏黏土会使黏土变软。捏黏土可以锻炼儿童的大、小肌肉，提高手指的灵活性。黏土比面团更需要手的力量。当儿童处理黏土时，他们会采用各种动作，包括压扁、挤压、拉、推、捏、按平、挖掘和撕碎。当戴安娜把黏土压进锡罐时，她说："我用我的肌肉把它压紧。"随着眼睛和手一起工作，其眼-手协调能力得到发展。当儿童从使用手过渡到使用黏土工具来塑造、抹平、切分和完成工作时，会发展出更复杂的手和手指技能。揉捏黏土也能够刺激感官：视觉（浅灰、浅黄、红），触觉（湿、干、光滑），嗅觉（泥土味、潮湿味），轻重感，热感（冷、热）和听觉（敲打、拍击的声音）。

（五）增强艺术表现力

雕塑是儿童表达对世界的想法和理解的另一种方式。探索这种柔韧的材料会带来意想不到的发现。黏土造型可以反映儿童脑子里想象的物体以及以往的经历。能够塑造成三维结构的材料为儿童的创造力、想象力以及自我表达能力的发展提供了新的可能。黏土游戏还能为儿童提供一个学习不熟悉的技术、工具和词汇的机会。有了足够的时间去探索，儿童可以自学或通过观察他人来了解如何捏制和揉搓黏土。教师可以通过展示各种手工制作方法来扩展学习：捏（用拇指和其他手指按压黏土）、卷（把黏土卷在一起排成一排）和擀（把黏土做成宽、平、厚的片）。划痕和泥浆有助于将黏土块黏在一起，划痕是指在将黏土块黏接在一起之前先划出几条痕，泥浆是黏土和水的混合物，用来连接有划痕的黏土块。这些技巧可以让儿童更好地用黏土进行创作，展现自己的想法。当儿童摆弄黏土时，教师可以和他们谈论艺术元素［线条、形状、颜色、（色彩）明暗度、形态、空间和纹理］，如从多个角度（形式）观看一个雕塑的高度、宽度以及深度。评价一个作品表面的粗糙程度，是否有砂砾般的外观（纹理）或轧制的作品有多厚或有多坚固（线条）。

儿童在第一次接触黏土的过程中，首先会调用所有的感官和运动能力，发现黏土的奇妙特性。他们用手指按压、戳、敲、拍、挤、闻、刮以及摔打黏土以进行探索。儿童会做出一些基本的黏土形状，把黏土压扁成小块，然后将其搓成绳子或球的形状。接着，儿童开始给他们的黏土作品起名字。例如，埃德温说堆叠的黏土球是一个雪人。

最后，他们开始形成自己的计划，决定接下来想要做什么，然后进行创作。马丁用黏土为刚孵出来的小鸡制作了一个巢穴，同时捏了一些鸡蛋并提供了供小鸡食用的"蠕虫"。儿童的发散性思维、内在动机和坚持性都表现在他们的创造力和好奇心上。用黏土进行创作会带来真正的快乐和满足。

三、基本组成部分：黏土工作室需要什么

空间位置

黏土工作室可以整合到艺术工作室中，也可以设计成私人空间。选择一个阴凉的地方，因为高温会使黏土变干。空间可以像桌面那么小。地板应是混凝土或可擦拭表面。

工作空间

每个黏土工作室都需要一个坚固的工作台和存放工具的空间。稳定性和耐用性是很重要的，因为儿童在揉搓黏土时要用大力。商用黏土工作台不在我们的选择范围，因为他们是为成人设计的，而且是不可调整的。最好的选择就是教师亲自为儿童精心制作的适合他们的身高及体形的桌子，图纸和设计可以利用计算机随时进行修改和调整，以适应年龄更小的儿童。如果2~6名儿童可以同时工作，那么桌子的形状是不重要的。每个工作空间都需要有放置黏土的楔板（30厘米×30厘米）。有些儿童更喜欢

黏土工作室改造之前

黏土工作室改造之后

站着工作。黏土是在黏土板上制作的,不过,黏土工作也经常会弄脏桌面和地面。如果需要,油布、帆布或厚塑料都可以用作桌布,这些材料都可以在布料店和五金商店买到。如果想使用油布,那么教师可以选择中性的纯色油布,而不是有印花的。

橡皮泥和塑料饼干切割器是有些幼儿教育机构多年来经常使用的感官材料和工具。在讨论了黏土的许多好处之后,教师正在考虑是否要更换橡皮泥。

将棍子、石头、贝壳、橡子和木片等自然工具陈列在板条箱上,放在一个易于接近的低矮架子上。一个坚固的铁制咖啡桌被升级改造成工作台,30厘米×30厘米的正方形胶合板提供了一个明确的工作空间。用湿布覆盖黏土以保持其湿润。

丰富黏土工作室

没有什么比一个简陋的环境更能扼杀创造力了。通过展示陶器,在花盆中添加植物、草药、树枝或花朵来增强工作室的趣味。通过装饰性瓷砖或将雕塑巧妙地聚集在一起来增加视觉吸引力。工具可以被放置在黏土罐或者漂亮的柳条篮子里。通过添加耐风化材料、可再利用的物品、不同的形状、自然纹理以及泥土色调等元素来进行质朴的设计。

设计黏土工作室的小贴士

1. 使用坚固且耐用的工作台。
2. 将真实的自然工具和配件存放在质朴的容器中。
3. 保持黏土的湿润性,使其柔软、有韧性。
4. 用桌布遮盖木板,提供理想的工作台面。
5. 如果可能,把工作室设在一个有可以用水管冲洗的混凝土地板的地方。
6. 展示陶瓷作品以激发灵感。

四、工具和材料

黏土:黏土有不同的类型和颜色。瓷质黏土是儿童使用过的最好的黏土。它是一种适用于探索和雕刻的通用黏土。它是浅灰色的,光滑、柔软且易塑形。你可以在艺术商店和陶瓷公司买到这种黏土。我发现大学的陶艺课上会使用瓷质黏土,于是我在当地的一家大学书店里买到了它。

工作区的表面：黏土板（30厘米×30厘米的帆布覆盖的胶合板）是一种可移动的工作台面，可以购买或手工制作。专门为黏土设计的桌板是值得购买的，因为它们耐用，不会粘住黏土，干燥得快，而且使用时间长。这些黏土板可以为我们省去清理黏糊糊的黏土残渣的烦恼，并且很容易被刮板和海绵清理干净。画布可以按米购买，铺在一块30厘米×30厘米的胶合板上，并钉在背面。提供水或湿纸巾，供儿童在有需要时润湿双手。

基本材料	黏土板或木制切菜板、黏土切割器（钢丝黏土切割器、牙线、绳子）、一小桶水（供儿童蘸湿海绵或纸巾）、存水材料（海绵、纸巾、小碗、塑料喷雾器）
黏土工具	月牙刀和刮刀（用于创建细节和标记的建模工具）等黄杨木工具、餐叉和勺子、木槌、彩带和线圈工具、擀面杖、木销钉
配件材料	橡子、梳子、工艺棒、桉树豆荚、大木珠、螺母、螺栓、垫圈、旧牙刷、贝壳、石子、金属丝
清理材料	水桶、毛巾、刮刀

光滑的红木树皮是美丽和耐用的黏土工具

存储和整理

工具、配件和黏土板可以存放在开放式的板条箱、篮子或架子上的容器里。整理板条箱,创造出一个实用而质朴的存储单元。另一个选择是在桌子下面放一个开放式的实用工具架。黏土需要被储存在密封的容器(如大塑料袋、塑料桶或有密封盖的容器)里,以保持湿润。我更喜欢用塑料袋和湿布把黏土装起来,然后把塑料袋放在一个漂亮的宽口陶罐里。当孩子们完成工作后,教师可以这样储存黏土:把黏土揉成垒球大小的球;把拇指戳进球里,形成一个中空的圆柱体;把水倒进洞里,把黏土挤在一起,盖住洞口;用湿布包住黏土球,将其放入密封的容器里。这将保持黏土湿润。如果储存的黏土变得像石头一样坚硬,不要烦恼,你可以将其放入一个密封袋中,洒一些水,释放空气,密封袋子,再将其放入一桶水中15分钟即可。

清洁和维护空间

不要让黏土掉入下水道。让儿童用固定的一桶水洗手，然后把水倒在外面安全的地方，桶底的泥浆黏土可以留在下次重复使用。

健康与安全：干燥的黏土产生的黏土灰尘会引起潜在的健康问题，因此在清洁时，必须用潮湿的海绵或抹布擦去黏土板和桌面积聚的黏土灰尘。不要使用刷子或扫帚，两块海绵即可，一块用于去除黏土，另一块用于清除残渣。在用海绵擦拭之前，可以用刮刀刮掉多余的湿黏土。必要时可以用软管冲洗或用湿拖把拖地。

五、额外维度

"黏土头"雕塑会给儿童带来一种独特的体验。要做一个头部雕塑，首先要有一个泡沫塑料球和一个不倒塌的底座，底座上有一个销钉。把泡沫塑料球压在销钉上，然后用 2 厘米厚的平滑的黏土层覆盖整个头部。然后，儿童可以添加或塑造不同类型的面部特征和头发。雕塑可以保存和重复使用。抹去底部多余的黏土，将其放回黏土桶中。用湿毛巾盖住头部，然后用塑料垃圾袋盖住整个底座和头部，系紧袋子。

支持公平学习

- ◆ 黏土是无谷蛋白的，对于谷蛋白过敏的儿童是安全的。
- ◆ 在地板上放一块防水布，中间放一块黏土，这会让不能移动的儿童有机会接触黏土。
- ◆ 为那些不想用手指捏黏土的儿童提供工具。
- ◆ 提供不同形状和尺寸的工具，以适应不同的抓握方式。
- ◆ 展示来自不同地方和文化的陶器，让儿童了解本土陶器与来自其他文化背景的陶器（如秘鲁泥人、墨西哥陶器和日本茶杯）之间的异同。

一张低矮的桌子是幼儿研究清凉、潮湿的黏土的完美选择

第三章 黏土工作室 59

亚里克莎和戴安娜用黏土球做的棒棒糖

六、创设婴幼儿黏土工作室的一些想法

婴幼儿喜欢用手探索黏土的物理特性，不需要任何工具，因为实际上工具会干扰手和黏土之间的感官联系。地面上的低平台表面是婴儿和学步儿接触黏土的理想场所。可以将黏土放在胶合板或帆布垫上，也可以放在一个大而浅的容器里。教师可以考虑在最开始时给儿童提供黏土块，看看他们的反应。在拿出工具前，让儿童熟悉黏土及其奇妙的反应特性。如果儿童对工具有明显的欲望，那么教师就可以提供压泥器、橡胶锤等用于捣碎的工具以及结实的棍子、圆形的木质衣夹和橱柜门把手等用于挖掘和戳的工具。

第四章
声音花园

户外平台变成了一个现场音乐表演的场所。亚里克莎（女，3岁）和德鲁（男，3岁）组成了一个音乐合奏团。他们的双手各拿着一根节奏棒进入舞台。在他们面前的是三个不同大小的翻转的镀锌浴桶。亚里克莎是一名魅力十足的鼓手，她的演奏充满了欢乐。她弯腰、扭动、摇摆，同时用双手敲击身体两侧的水桶。德鲁双脚并拢，站得笔直。他以"右—左—右—左"的模式敲击水桶。突然，亚里克莎的手臂高举过头顶，她冲到德鲁前面，用她右手的节奏棒敲击水桶，然后又跳回来。接着，德鲁进入亚里克莎的空间，将左臂伸到她的面前，并轻敲她面前的浴桶。虽然亚里克莎比德鲁矮小，但她并没有放弃她的空间，而是简单地调整了自己的动作。她的行为迫使德鲁回到他的游戏场地。亚里克莎的节奏能力和敏捷性令人印象深刻，她的勇气以及保护自己空间的能力也令人印象深刻。这两个小朋友继续敲击浴桶，随着音乐达到高潮，他们的节拍变得一致。

一、声音花园的作用

儿童是天生的、执着的音乐创作者。他们热情地、不懈地、自发地探索音乐。年幼的儿童对产生声音的物体很感兴趣，尤其是当他们能够自发地创造出声音时。声音花园专为声音探索而设计，它被美丽的大自然和随手可得的材料包围着，为儿童提供了丰富的游戏材料，给予他们欢乐、活力，以及与不寻常的物体（如垃圾桶、罐子、管子等）接触的机会，让儿童能够以有趣的方式发现和敲击器皿。与真正的乐器不同，没有唯一正确的方法使这些松散的部件发出声音，不需要任何专业的知识和才能，也没有年龄的限制，因此，所有儿童都能创造出令自己满意的声音。"砰、砰、砰"的声音是令人兴奋的，没有人愿意停下来，因为它给人的感觉非常好。

> **图式学习**
>
> 搬运：一边走，一边敲垃圾盖。
> 变换：在击打项目和各种打击乐活动中改变音高、节拍、力度和节奏。
> 轨迹：撞击悬挂的松散材料；观察垫圈沿着一根听音杆向下滑落的轨迹。
> 旋转：边创作音乐边旋转或者观看悬挂的物品旋转。

二、声音花园促进学习

（一）促进社会与情感能力发展

有了发出声音的自由，儿童可以表达感情，释放紧张感。例如，米莎用木勺用力敲击倒置的油漆罐，以适当的方式击打对她来说是一种天然的减压方法。演奏音乐能够平衡我们的情绪，还能将我们与最深处的自我联系在一起。儿童兴奋地练习自我控制，耐心地等待轮换，坚持不懈地提高击打的技术。如果声音或节拍没有达到预期的效果，儿童就有机会立即进行调整或重新开始。在儿童选择和试验材料以及成功掌握某项技能的过程中，其自信心也能够得到发展。当儿童开始互相即兴创作并感受到一种归属感时，欢乐和笑声随之而来。分享、奉献、领导及相关社交技能在儿童分享空间和材料、关心他人、与他人合作以及互相帮助中得到发展。

（二）提高语言沟通能力

音乐就像语言，有节奏、力度、音高、速度和表现力。当我们还是婴儿时，我们能发音后，就会模仿周围的语言模式。儿童必须学会区分语音、声音组合和词形变化，以此掌握语言，他们也必须对音乐做同样的事情。在声音花园里尝试制造声音，可以提高儿童的听辨能力和节奏感，这对语言的发展至关重要。纳特以一种反复出现的模式稳定地敲击松饼罐，体现出他对声音模式的理解。语言和音乐都是动态变化的，且有整体的音量级别。当人们生气或想让他人听到自己的话时，他们会大声说话，如果不想被注意，可能会轻声说话。就像语言一样，大声与轻声非常不同。约瑟夫改变了他的打击音量，从响亮有力的碰撞声到更低沉的声音。语言和音乐都表现出节奏或速度。在我们演讲时，快速的声音体现兴奋之情，缓慢的声音可以制造悬念。当卢卡斯敲击倒置的垃圾桶时，他在大部分的时间里快速地敲击，偶尔也会放慢速度以恢复体力。语言和音乐都能表达情感和想法。我们可以思考，快乐、惊讶、愤怒或者悲伤是如何通过语言和音乐来表达的。

（三）提高认知能力

制造噪声对儿童来说很重要，尽管有些成人认为噪声令人很烦躁。幸运的是，声音花园是在户外创建的。请记住，除了吵闹和凌乱之外，儿童是天生的科学家。他们会尝试、测试、评估，然后再次尝试。通过实验，他们将提高预测能力，进行探索和发现，并确定什么可行、什么不可行。声音花园是一个探索声音科学的实验室。不同类型的敲击器具会产生不同的声音吗？用小汤勺和大汤勺有什么不同吗？木制的和金属的器具发出的声音有什么不同？空心的和实心的呢？抹刀、金属搅拌器、橡胶槌或钢丝搅拌器能发出什么声音？当阿什莉分别敲击金属的馅饼盘、碗、漏勺、废旧电线或托盘时，声音会有什么变化？当她在波纹管或烤架上运行金属搅拌器时，会发出什么样的声音？在声音花园里，儿童发现、倾听、修补，并思考各种声音的表现力。

（四）提高身体运动能力

在声音花园中探索松散材料，有助于儿童身体能力的发展。当儿童拿木槌或木勺敲击锅碗瓢盆时，其手的灵敏性、操作能力和眼-手协调能力都会有所提高。每一种敲击器具需要不同的握法，从而产生强壮、协调的手和手臂肌肉。当儿童敲击挂在棚架上的面包盘时，他们会练习身体控制，如平衡、停止和启动。悬挂在树枝上的蛋糕盘和轮毂盖让斯潘塞出现了探索时间的意识，并产生了对运动和时间之间的关系的内在理解。时间意识在节奏感的发展中是必不可少的，我们看到斯潘塞通过敲击来回摆动的平底锅来计时。当玛丽萨和埃文在院子里敲垃圾桶盖时，他们的敏捷性得到了发展。把垃圾桶当作鼓进行演奏是一种全身的锻炼，需要手臂、身体核心和下肢的力量，因为儿童在玩耍时需要站立和移动。敲鼓还可以帮助儿童学会控制自己的动作。在产生声音的同时，儿童用他们所有的感官积极探索，包括视觉、听觉、触觉和平衡觉。大脑组织和解释这些感觉信息的过程被称为"感觉统合"。感觉信息与运动活动的同化被称为"运动计划"。通过反复练习，特尼莎现在不用想就能熟练地敲鼓了。在声音花园里敲鼓提高了她的运动计划能力、听辨能力、注意力和专注力。

（五）增强艺术表现力

创造性智能是一种超越现有的事物产生新的想法的能力。通过为儿童提供许多不同的机会来提高他们的创造力。声音花园中有趣的松散材料以不寻常的方式悬挂或展示，唤起了儿童的好奇心。这些发声物品可以创造一个想象的世界。儿童往往非常有创造力，也许是因为他们与生俱来的好奇心。儿童可以发现多种使用勺子的方法，而成人则只考虑用它吃饭。通过敲打锅碗瓢盆来创作音乐可能会让你回想起自己的童年。当你在社区周围散步时，也许你会用手杖敲打一个轮毂盖，把一块木板变成一把吉他，把饼干罐变成鼓，或者把锡罐变成麦克风。在没有目标的情况下，用熟悉的物体发出独特的声音是令人愉快和有创造性的。

三、基本组成部分：声音花园需要什么

空间位置

声音花园应该位于远离教室以及过于安静的地方，以适应吵闹的声音。在地面上铺上草坪或树皮的效果也很好，你行走在有纹理的地面（比如碎砾石）时会发出声音。将游戏区设置在沿院子周边的栅栏或角落里是不错的选择。如果声音花园靠近邻居，如何避免噪声可能会是一个挑战。树枝低垂的树非常适合悬挂一些松散材料。

工作空间

声音花园是非常独特的创造。收集物品并将其变成一个充满奇思妙想的、用来探索声音的花园既简单又实惠。对于初学者，你需要一个坚固的结构，可以用来连接或悬挂物品，可以是栅栏、建筑物边缘、格架、植物支架、托盘、乔木或其他树木。如果选择了独立式框架，那么教师需要将其固定以防止倾倒。

乐于发现普通和不寻常的物品，如镀锌平底锅和托盘，将其作为工具固定在地基上，可以通过探索你自己的家，以及车辆销售地、打捞场、旧货店、五金店和教育资

源中心来获得这些物品。一定要在每家商店的过道来回走动，检查每个箱子，因为你永远不知道有什么意想不到的发现会带来灵感。寻找不同材质、大小、形状和可供设计的物品。戴上你的"修补透镜"，思考如何升级一个物体来创造声音。在一次外出活动中，我发现了一个50~80厘米的热水器排水盘。儿童被它吸引。选择由不同的物质（金属、橡胶、木材等）制成的材料，儿童就可以比较声音了。用束线带、绳索、钓鱼线或电系带固定有把手或孔的物品。要知道，紧紧固定住物品的顶部和底部可能会改变物品的振动频率和发出的声音。

在固定物品之前，要计划好如何安置它们。以奇数将类似的物品收纳在一起会产生视觉上的兴趣。将物品悬挂得足够低，让儿童可以够到。通过敲击不同的物品（如桶、平底锅和托盘），或者用木棍穿过如烤箱架、黑色波纹管或波纹金属屋顶面板以及带有响铃或环状的部件或者金属三角形和风铃，以使声音发生变化。声音花园的美妙之处在于，你可以从小处着手，随时添加新的作品。

将各种尺寸的镀锌桶或塑料桶倒置在地面上或平面上，制成鼓。大桶可以在五金商店或饲料商店以及拖拉机商店那里找到。不要忘记垃圾桶盖，儿童可以像敲钹那样敲击它们。

声音花园改造之前

在改造声音花园之前,这棵美丽的树的周围布满了不相关的塑料玩具——一张沙盘桌、厨房和邮箱(如上图)。该空间的设计目的尚不清楚。

在改造声音花园之后,塑料玩具被拆除,地面上铺设了砾石和来自河流的岩石,自然的外观与芦苇栅栏相得益彰。黑色金属橱柜门被升级为固定的金属托盘的底座。黑色金属橱柜门在视觉上呈现了一个吸引人的背景,突出了托盘。多个物品聚集在一起:金属托盘挂在篱笆上,炉灶的燃烧器具悬挂在树枝上。材料大小不同,由不同的物质制成,便于儿童比较声音。击打器皿被放在地上的容器里,树木等植物增添了美感和感官吸引力(如下图)。

声音花园改造之后

丰富声音花园

用带有不同的纹理、颜色和香味的物品创设声音花园,能够调动感官,为声音探索增添吸引力。为空间增加纹理和颜色最简单的方法之一就是增加新的灌木或植物,以及嘎吱作响的砾石、巨石、树干或鹅卵石等能够增强材料的趣味性及丰富性的物品。迷迭香、鼠尾草、薄荷或百里香等草本植物能够散发出美妙的香味。考虑在有微风的地方挂上风铃或者种植几种草本植物,让它们在风的作用下沙沙作响。响尾蛇草开出微小的花朵,其花朵形状像响尾蛇,会在微风中咔嗒作响。

设计声音花园的小贴士

1. 使用改造升级后的物品作为敲打的物品或被敲打的物品。
2. 将金属托盘和浴桶组合在一起。
3. 提供波纹状或光滑的金属物品、木制物品和金属物品,为儿童提供比较声音的机会。
4. 保证敲击的物品易于取用。
5. 在儿童能够到的树枝、栅栏或者墙壁上悬挂可产生声音的物品。
6. 用自然环境调动儿童的感官。

四、工具和材料

被敲打的物品	纸杯蛋糕盘、烤盘、黑色波纹管、排水管、面包盘、烤架、桶、平底锅、吊环、罐头环、滤锅、饼干模型、冷却架、波纹金属板、面板、凹槽管、葫芦、金属托盘、松饼盘、铃铛、脱底模、蛋挞圈、各种大小的锡罐、垃圾桶(金属和橡胶)、垃圾桶盖、风铃、木碗
敲打的物品 (木头和金属)	竹片、销钉、长柄勺、捣碎机、网状过滤器、油漆搅拌器、捞面勺、铲子、防溅网、棍状物、搅拌勺、松紧扣、钳子、毛掸子

存储和整理

敲打的物品要放在声音花园的地面上醒目的地方,任何类型的金属容器(如金属罐、花盆、水罐、篮子、工具箱、牛奶罐或带分格的篮子),如果不易被翻倒,就都可以使用。可以考虑将物品悬挂在栅栏的挂钩上,例如在金属托盘旁边的栅栏上挂一个金属搅拌器。

金属蹦床管被升级为悬挂式木琴

大型热水器排水盘正在"等待被演奏"

将黑色铁柜门作为金属托盘的醒目背景

清洁和维护空间

投放在声音花园里的材料需要非常耐用，才能承受反复的敲击。如果可能，请选择由镀锌或不锈钢制成的物品，这些材质的物品可以长时间地暴露在户外或水中。同时切记在易生锈的金属表面用保护漆密封，或者及时更换生锈的物品。在一天即将结束时，要将散落在游戏场地周围的敲打器具找回。随着时间的推移，要注意留意可以添加到声音花园中的有趣物品。

五、额外维度

用螺纹金属棒和垫圈制作的音乐棒，让声音花园充满了意想不到的欢乐。儿童将垫圈套到螺纹金属棒的顶部，然后让它们自然滑落。当垫圈不断往下滑时，其发出的声音听起来就像是在下雨。制作音乐棒的方法可以在网上找到。

支持公平学习

- ◆ 认识到所有儿童都有音乐天赋。
- ◆ 在地面上展示物品。
- ◆ 有很多不受限制的物品可以作为打击乐器。
- ◆ 有满足各种握把需求的打击工具。
- ◆ 把饼干罐、木制沙拉碗和浴桶当作鼓,因为不需要高超的精细动作就可以敲打它们。
- ◆ 考虑厨房用品的替代品,出于文化原因,一些家长可能不希望他们的孩子用厨房物品作为打击乐器。
- ◆ 让听不见声音的儿童把手放在水桶或浴桶上来感受振动。
- ◆ 允许儿童主动大声地发声。
- ◆ 为对噪声敏感的儿童创建一个安全的声音花园,包括更安静的物品,如手铃、沙锤、葫芦、橡胶垃圾桶和竹木琴。
- ◆ 利用音乐释放能量。
- ◆ 鼓励所有不同年龄和能力水平的儿童去玩耍。

吊在桶环中的轮毂盖被器具撞击时会发出不同的叮当声

学步儿喜欢用倒置的垃圾桶制造出声音

波纹金属可以发出有趣的咔嗒声

六、创设婴幼儿声音花园的一些想法

为婴幼儿创设安全、多样化以及具有发展适宜性的声音花园的秘密是把游戏材料放低。下页照片中倒置的金属容器有三层,允许婴儿、学步儿和学龄前儿童进行游戏。儿童可以坐、跪或站着玩。有趣的平底锅和托盘被挂在栅栏的低处,非常适合儿童用不同的工具进行敲打。在敲打它们时,儿童可以按住或拿着它们。如果婴儿或学步儿易受噪声影响,那么教师可以考虑增加铃铛和沙锤。葫芦和豆荚是塑料沙槌的天然替代品,一旦里面的种子变干,它们就会变成美妙的摇铃。我们要确保提供的任何自然材料都不会有窒息或中毒的危险,而且特别要注意的是不能让婴儿把材料放进嘴里。

第五章
泥巴厨房

在二月的一个沉闷的日子里，我瞥了一眼泥巴厨房，被游戏中的孩子们以及几乎完全被泥土覆盖的容器、潮湿的树叶和大量的泥土吸引住了。埃弗里特（14个月）专注地盯着他手里的一碗混合物，不停地快速搅拌。我不知道他如此着迷是因为泥土和水的变化、金属勺子敲击金属碗的声音，还是搅拌的动作。贝尔纳黛特（2岁）小心翼翼地把一勺泥土舀进松饼罐里，马里亚诺（3岁）则接着将泥土从松饼罐转移到平底锅里。在泥巴厨房的另一头，塞巴斯蒂安（4岁）和德鲁（4岁）正专注于为霸王龙  准备一场盛宴，这场盛宴的主菜是泥汤里的叶子，甜点是撒了干草的泥饼，除此之外，孩子们还给霸王龙准备了它喜欢的小型葫芦和石头沙拉。塞巴斯蒂安往一个蓝色的容器中倒入了更多的水，德鲁也不时地转身，要求别的儿童给他提供更多的水。在接下来的30分钟里，男孩们一直非常专注于手头的任务。当这顿饭接近尾声时，霸王龙又提出它想喝咖啡。于是，德鲁用木勺将红色搪瓷野营咖啡壶里的泥土和水混合，制成浓郁的黑咖啡。不过这壶咖啡太浓稠了，以至于无法倒入咖啡杯中。这时塞巴斯蒂安想到了一个办法，他在壶中加入了更多的水。德鲁接着搅拌，直到咖啡达到完美的浓稠度。在泥巴厨房里，每天都有令人兴奋的新事情发生。

> **图式学习**
> 搬运：运送水、泥土、沙子、混合物和松散材料。
> 变换：将泥土和水混合，添加草药、石头和树叶。
> 轨迹：捣碎、敲打、喷洒、倾倒。
> 旋转：搅拌、混合、快速搅拌和转圈。
> 围合/包裹：把松散材料放在一个容器内，用厚厚的泥浆包裹树叶。
> 连接/断开：将一个罐子的盖子拧开，把叶子从茎秆上撕下来或者把树皮撕下来。

一、泥巴厨房的作用

泥巴厨房是为假装烹饪、混合调和物、实验和改造而设计的。游戏空间里包含搅拌、浇注、排水、测量和洗涤的材料。儿童可以用勺子、抹刀、铁丝网或棍子把泥土和水等材料混合起来，再加入迷迭香等特殊成分进行搅拌。亚里克莎用滤锅将泥状混合物过滤成条状物来假装成意大利面。然后她用一个容器接了一点水往"意大利面"上倒，假装"水"是酱汁。接着，她又去翻转用树叶做的小饼干，假装在"煎饼"。在泥巴厨房里游戏为儿童提供了丰富的机会来发展他们的想象力、主动性、批判性思维和坚定的目标意识。

二、泥巴厨房促进学习

（一）促进社会与情感能力发展

儿童在泥巴厨房里分享空间和材料、在与同伴合作以及扮演各种角色中建立了积极的同伴关系。通过假装成"厨师"或"奶奶"，儿童发展了社交技能，并提高了情感理解能力。同时儿童也表现出对"自我"的理解，这是一种与"他人"不同又与"他人"相联系的概念，例如，有的儿童说："我在像我爸爸一样制作咖啡。"当他们共享锅碗瓢盆等游戏材料、听从其他儿童的指示或等待轮换使用研钵和研杵时，他们会识别和调节情绪。通过测量、倾倒和搅拌，儿童变得独立且有能力。通过社会戏剧游戏，儿童发展了以物代物的能力，如假装一个松果是一个松饼。使用一个对象或符号来表示另一个符号，正是学习读写所必需的能力。

（二）提高语言沟通能力

泥巴厨房是一个充满着丰富的语言的环境。当儿童使用不寻常的测量词时，其词汇量会增加，例如：量词（少许、一撮、少量），工具和配料词（抹刀、筛子、香料），加工词（搅拌、翻动、排水、模具）或关系词（前、后、改变）。在户外，儿童能够把泥土和水混合，分享自己的想法，自由地交谈。语言是通过描述和解释文字来发展的，例如，当埃丽卡兴奋地说：“看看当我拍我的泥巴馅饼时会发生什么！"

（三）提高认知能力

在泥巴厨房游戏中，儿童发展了思考、探究和预测能力，也认识到了事物间的因果关系。"当我加入沙子时，混合物就会变得厚重，搅拌会更加困难。"儿童能够预测结果。"如果多加一点水，混合物就会被稀释。"泥巴厨房是充满科学性的环境，吸引儿童注意并参与其中，尽情想象、提出及解决问题。当儿童以一种开放的方式转换、转移和搬运材料时，他的科学探索也在得以扩展。在泥巴厨房里的探索促进了儿童比较、测量、分类、空间关系和一一对应等数学概念的发展。例如，勺子是由不同的材料（金属和木材）制成的，有不同的设计（有沟槽的勺子、长柄勺、米饭勺）和尺寸（微型、小型、大型）。当儿童往容器里倒水或把一个小杯子放到一个大的容器中时，儿童对容器就有了理解。当儿童伸手去抓木勺，知道从前面、下面、上面、旁边或里面拿或者放置材料的距离有多远时，其对空间关系的认知就会逐渐形成。当布雷迪在每个容器里放一个勺子时，其一一对应的能力就发展起来了。

（四）提高身体运动能力

儿童通过倾倒、混合、捣碎、研磨、打击和过滤来提高精细运动技能和协调能力。当儿童抓住铲刀和勺子，携带沉重的泥土或水时，他们的手臂肌肉会增强。湿泥土和水也需要力量来搬运。当儿童打开饮水机上的水龙头或者用冰勺从搅拌碗中取出泥土时，其操作能力和眼-手协调能力会提高。儿童的双边协调能力（即同时使用身体两侧的能力）也会得到发展，例如：肖恩使用擀面杖来擀面；丽塔用右手握着平底锅把手，用左手搅拌混合物。

（五）增强艺术表现力

当儿童对这些有趣的材料和令人兴奋的可能性做出反应时，他们的想象力就会快速发展。当儿童详细阐述并扩展他们的观点和想法时，其创造力就体现出来了。盘子里的泥变成了生日蛋糕，并插上了用树枝做的蜡烛。草、贝壳和树叶被用来一起炒，变成了美味的泰式炒饭。有创意的小厨师即兴发挥，以新的方式将食材组合在一起，突破烹饪的边界——大家在泥巴厨房里就像在真正的厨房里一样。材料和空间为儿童提供了一个平台，儿童通过有趣的角色扮演游戏来理解事物和发挥想象力，获得抽象或真实的体验。

三、基本组成部分：泥巴厨房需要什么

空间位置

泥巴厨房应建在沿着篱笆或建筑物的平坦的地面上，可以在树、遮阳篷、雨棚或藤架下，以防止因过于炎热和潮湿的天气而遭到破坏。泥巴厨房的工作可能会产生混乱，所以得选择一个易于维护、容易清洁的地面（如混凝土、游戏场地的树皮、铺路的材料或碎石）来创设泥巴厨房。避免把泥巴厨房建在草地上，因为过度使用以及溢出的泥土和沙子会破坏它。

工作空间

想象一下当你在自家的厨房时，没有足够的空间把碗和食材放在柜台上是多么令人沮丧的事情。想象一下，如果你与多人同时使用厨房会有什么感受。它变得非常拥挤，并影响每个人的工作。泥巴厨房也是如此：更大、更多的空间会受到儿童的欢迎。

最具吸引力和个性的泥巴厨房由常见的和捐赠的物品组成。一个工作台可以是简单的木凳或宽木板上的两个箱子或树干。就像自己家的厨房一样，儿童也可以站着工作。烤箱、炉顶或水槽是不必要的，会占用我们宝贵的工作空间。相反，一个明确、开放的工作台面可以给儿童提供更多的灵活性，并帮助儿童发挥更多的创造力。

根据儿童的年龄，最佳的工作空间大小是 2.5 米长，5.5~7.5 米宽，适合儿童的高度。如果泥巴厨房的使用频率较高或在泥巴厨房里工作的人数较多，那么教师需要增设更多额外的空间，可以通过创设一个 U 形活动场所（如添加长凳或其他工作台面）来扩展空间，或者添加一些置物用品，如使用可以安装在栅栏或格架上的挂钩来放锅

碗瓢盆。

户外家具必须耐用。红杉木、雪松、柚木或金合欢树材质的家具是非常不错的选择，并有很漂亮的颜色。商业性的庭院长椅和桌子就是用柚木和金合欢树制成的。红杉木内含一种元素，具有耐候性、抗虫性和耐腐蚀性，能够比其他木材保存更长的时间。所有木材都会随着时间的推移而变色，尤其是在阳光的照射下。每年更换一次木材，作为定期维护的一部分。如果要重新修整，那么请轻轻打磨整个表面，其他任何地方都不要随便去除。然后，根据制造商的指示，涂上一两层环保、无毒的外部木材密封剂。如果不确定，可以咨询当地五金店的专家。泥巴厨房可以用油布或烤肉罩覆盖，以防雨雪侵袭。

泥巴厨房游戏区蕴含着巨大的潜力。改造前的工作台由漂亮的木制家具制成，其中一个粉色的塑料房占据了大部分空间。地面由大块橡胶砖组成，上面撒有沙子。烹饪用具散落一地，空间被太多的物品弄得杂乱不堪。在这个空间里并没有明确的信息提示儿童能够做些什么，他们不知道在哪里能够找到材料。

在砂质橡胶砖的下面，我们发现了漂亮的红色铺路砖。我们把橡胶砖移走，用水管冲洗红色铺路砖，结果发现它居然还是瓷砖地板。粉红色的房子被拿走，木凳以及木制工作面被重新替换。我们增加了一张小桌子来供应食物。真正的厨房用具现在被放在取用方便的容器里。儿童可以从带有水龙头的水罐里取水，可以从镀锌桶里找到泥土。罐子里装满了松果、圆木片和桂皮等天然的松散材料以延长儿童的游戏时间。

泥巴厨房改造之前

泥巴厨房改造之后

丰富泥巴厨房

吸引人的泥巴厨房具有真实性、简单性和质感。从木制家具开始，无论是托盘、长凳，还是供儿童操作使用的工作台，木制的家具和工作台面都具有真实感。同时，木质材料也具有温暖、漂亮以及逼真的外观。一套塑料的儿童厨房玩具虽然很可爱，但在视觉上，它可能会被小玩意儿和明艳的颜色淹没。木材的色调与自然环境融为一体。将不同尺寸的实木和金属工具放在镀锌桶、陶瓷罐或农家的水罐中。一个整洁、简单的空间是美丽的，我们可以通过将类似的材料组合在一起并只摆放重要的物品来实现。在太小的空间里放太多的物品会影响美观。通过改变材质、植物和表面等来改变纹理并添加颜色。在工作台上可以放置一些在陶土盆中生长的草药：欧芹、鼠尾草、迷迭香和百里香。红色珐琅咖啡壶和马克杯增添了复古的风格和色彩。红色砖块以及柚木地板铺成的地面增强了感官吸引力。

> **设计泥巴厨房的小贴士**
> 1. 提供足够的工作空间。
> 2. 提供方便、有序且易于使用的厨房工具。
> 3. 提供独立使用水和泥土的通道。
> 4. 利用垂直空间把锅碗瓢盆挂起来。
> 5. 使用草药和自然类松散材料，以增强视觉吸引力，延长游戏时间。

四、工具和材料

在为空间选择物品时，请准备能够在自家厨房里找到的烘焙用具。儿童更喜欢玩真实的厨房用具，而不是仿制品。选择不锈钢或镀锌物品以避免生锈。旧货店和修理厂是买锅碗瓢盆的好地方。一些烘焙产品，如馅饼、蛋糕和面包盘，可以在折扣店花低价买到。这些物品可以保存一个季度，因为会生锈，所以需要及时更换，定期对生锈和破损的材料进行替换和补充。

泥土：泥土是泥巴厨房的主要成分，教师还可以添加沙子等其他物质材料。使用花园商店中的表层土来填充孔洞以及平整低洼区域。仔细阅读包装上的配料表，避免任何含有肥料的泥土。将泥土存放在工作台附近或下方的大型镀锌浴桶中。在工作台上的容器里或大碗中放置额外的泥土。

水源：每个泥巴厨房都需要水。使用干净且没有颜色的水，因为烹饪总是用清水完成的。如果没有永久性水源，那么教师可以在墙上或工作台上放置碗或水罐，或引导儿童使用带水龙头的塑料水壶来储水，这也能够使儿童独立地获得他们需要的水。在水旁边放置金属奶油罐或锡罐来舀水，鼓励儿童一次只用他们需要的量。当水壶空了的时候，成人可以重新帮忙装满水，或者让儿童在成人的监督下重新装满水。一定要帮助儿童重新装满水，因为将泥土倒进水罐里会堵塞并破坏水龙头。

厨房用具	面包盘、蛋糕盘、搅拌碗、研钵和研杵、松饼盘、馅饼盘、煎锅、平底锅、小型金属奶油罐、过滤器、锡罐 金属勺子、铲子、土豆捣碎器、漏勺、抹刀、木勺

草药等自然材料可以延长儿童在泥巴厨房的游戏时间

带有水龙头的水容器便于儿童自己取水

存储和整理

烹饪材料需要放在儿童容易拿到的地方。餐具可以放在桶、器皿盒、锡罐或水罐中。考虑垂直的摆放方式,如在泥巴厨房的一侧安装毛巾杆或金属篮以悬挂餐具,或者在工作空间后面或旁边安装钉板、开放式木框架(格子)等。围栏可以提供完美的垂直空间来悬挂工具或锅碗瓢盆。将材料悬挂在梯子或高架子上,或者使用长凳和架子来存储物品。

使用立式储物架悬挂锅碗瓢盆,创造更多的游戏空间

清洁和维护空间

就像家里的厨房一样,在一个杂乱无章的空间里工作是很困难的。每天花几分钟整理物品,为下一次的游戏做好准备。如果每件物品都有一个专属的位置,那么每件物品都可以很容易地被收回到原本的位置。不需要一丝不苟,只需要有条理就可以维持秩序。补充泥土、水和辅助材料,以便为下一个游戏课程做好准备。如果泥巴厨房没有盖子,那么请将物品倒置存放,以免积水。提供一把扫帚和一个簸箕来清扫灰尘。为了便于清理,可以购买一台轻便的无绳吹叶机。在一天结束时,你可以简单地吹掉多余的灰尘。材料需要定期冲洗。在清理时间准备好一大盆水,儿童就可以清洗物品。教师需要经常检查物品是否生锈和破损,并在必要时进行更换。

五、额外维度

儿童非常乐于用锅、泥土和水来制作混合物。在工作台上的小容器中添加小的松散材料可以进一步拓展空间,增强兴趣,深化游戏。要知道,儿童会本能地从院子周围收集自然物品,如草、树叶、橡子或枫香树球。考虑在工作台上放置几盆草药。它们既增加了美感,又能够在儿童游戏时发挥作用。将草药采摘下来,可以在研钵中研

磨,然后将其作为特殊的成分添加到混合物中。草药是一种安全的选择,因为它们无毒。也可以放置鲜花或其他植物,但一定要提前检查,确保它们对儿童来说是安全的。可以考虑这些材料:普通树皮、桂皮,草药(迷迭香、百里香、鼠尾草、罗勒、薄荷),树叶、贝壳、小松果、石头、圆木片、树枝。

旧长椅提供了额外的工作空间

野营搪瓷用品是泥巴厨房里的耐用物品之一

支持公平学习

◆ 用松散材料为儿童创造属于自己家庭文化的食物。
◆ 避免使用塑料食品玩具,因为它们具有局限性,只有固定的玩法,而松散材料可以代表所有东西。
◆ 避免使用真正的食品,因为这是对经历过食品匮乏的儿童的不尊重,也会让被教导不要玩弄食物的儿童感到困惑。
◆ 提供水源,如带水龙头的水罐,以便儿童独立取用。
◆ 为臂力较弱或手臂活动受限的儿童提供带有不同握把的厨房用具。

六、创设婴幼儿泥巴厨房的一些想法

学步儿喜欢在泥巴厨房里填充、倾倒和搅拌,只需要简单的容器和勺子,再加上一些泥土和水。除非你想将工作台降低到 45 厘米(这是标准的学步儿身高),否则不需要对传统的泥巴厨房进行调整。我在混龄幼儿园的改造项目中设置的泥巴厨房只有 50 厘米高,即使是婴儿,站起来也能接触到材料。如果儿童还是因不够高而无法操作,那么我们可以在泥巴厨房的旁边放一个低矮的平台或树桩。成人要注意的是,当儿童添加石头或松果等松散材料时,要确保它们不会给儿童带来窒息的危险。

第六章
小小世界

一片冰雪之地吸引了埃弗里特（14个月）和亚里克莎（3岁）的注意。一条白色的围巾模拟了厚厚的一层雪，一块漂亮的有纹理的白桦树树皮代表了一座不可抗拒的冰山，一块黑色的石板让人联想到深邃的海洋。道具由白桦树树皮、北极熊和南极的企鹅小雕像组成。在亚里克莎创设的故事情节里，一只企鹅与它的家人一起从白桦树上跳入冰冷的水中。然后，她让企鹅趴在雪橇上，接着又让它从冰冷的白桦树树皮滑梯上滑下来。在亚里克莎离开后，埃弗里特开始用手在桌子周围探索。首先，他把企鹅放在了一块白桦树木块上，不过，木块从桌面滚落到了下面的树皮上。他把木块重新放到桌面上，并努力让它保持平稳，然后把一只企鹅放在了上面。几分钟后，他取回了白桦树木块。在接下来的几分钟里，他把倒下的白桦树木块都重新捡起来，然后把企鹅放在上面，他对小小世界材料的执着和专注令人印象深刻。当他把企鹅依次放在木块上时，他展现出了对一一对应关系的理解。不过，桌面上有四只企鹅，却只有三块木块，这对埃弗里特来说是个挑战。于是埃弗里特将一只企鹅从一块木块顶上移开，换上另一只。最后他停了下来，放下手中的企鹅，抓起一只北极熊，让其蹒跚而行。

一、小小世界的作用

对儿童来说，小小世界游戏是一种富有想象力的体验，涉及微型游戏场景并有助于戏剧化游戏的产生。它涉及角色扮演的一个重要方面，能够拓展儿童的想象力。教师根据观察和对儿童的兴趣的理解创建游戏环境。随着儿童对环境的兴趣、需求和体验的发展，教师和儿童会添加角色和配饰，或者改变环境。小小世界通常围绕精灵、恐龙、建筑、海洋、森林、四季以及熟悉的故事等主题来创设。为小小世界添加松散材料、小道具和可以训练儿童感官的元素，如沙子、泥土、水或砾石，可以扩展儿童户外游戏的复杂性。

> **图式学习**
>
> 搬运：携带或移动小小世界中的道具。
> 变换：改变游戏场景中材料的摆放方式。
> 围合：用道具建立小小世界的边界，创设围栏、墙、路障或树篱。
> 包裹：隐藏或遮盖小小世界中的道具。
> 连接/断开：将松散材料连接在一起，把小小世界拆散。

二、小小世界促进学习

（一）促进社会与情感能力发展

在小小世界游戏中，儿童的社会与情感能力得以发展，因为儿童会表现出他们对生活事件的感受、理解以及关注。在一个小型的、可移动的空间中，这种戏剧游戏提供了与幻想或想象游戏类似的好处。儿童可以再现经历、调动情绪，并以安全、可靠的方式尝试可掌控的主题。他们可以在自己的发展水平上自由应对令人不安的、激动的和愉快的情境。他们可以花很长时间设置火灾场景、童话王国或爬行动物世界，同时大声讲述自己的想法。这种游戏允许儿童调整自己的行为，对环境做出反应，阐明想法和概念，应对生活中的困难和挑战。当儿童感到无能为力时，可以从游戏中重新获得控制感。

最重要的是，小小世界游戏可以帮助儿童处理生活环境中出现的问题，如弟弟妹妹的出生、疾病、父母离婚和死亡。米娅最近一直在为父母的分居而痛苦。她不知道父亲吸毒，也不明白父亲为什么搬走了。在观察米娅的表演时，教师注意到她对即将到来的一年一度的家庭露营感到焦虑。野营是她和父亲最喜欢的一件事。教师和米娅的妈妈聊天，得知尽管米娅的爸爸不会来，但他们家庭的露营之旅仍会进行。教师一致认为，建立一个露营小小世界可能有助于米娅在旅行前调整自己的感受。在接下来的几天里，教师观察了米娅在露营小小世界中的行为——在游戏过程中她如何表达自己去露营的喜悦，如何处理父亲不在场时的困难情绪，并获得对压力情境的控制感。

小小世界游戏支持儿童的社会性发展，因为儿童会合作、分享、轮流、解决问题，并学会尊重他人的想法。当儿童赋予松散材料以角色意义来操作时，他们尝试通过眼神交流、使用不同的语调和情感表达方式来学习如何进行社交互动和发展社会交往能力。通过假装游戏，儿童可以发现自己与他人不同，探索自己在世界上的位置。当儿童共同思考如何设计栖息地以及开展游戏时，妥协和协商就会发生。随着良好的同伴关系的建立，儿童将合作进行游戏，一起重演故事。

（二）提高语言沟通能力

儿童在小小世界里游戏，这听起来就很迷人。他们的语言可以是幽默的、令人瞠目结舌的以及有启发性的，因为他们使用了儿童特有的词语或表达方式。有时，当我们用自己的想法来理解这些词语时，我们会发现这些词语简直毫无道理。小小世界游戏对于培养儿童的语言、沟通和识字能力非常有用，因为它能让儿童在有意义的环境中练习语言。当儿童使用语言时，他们能够发现语言的力量。他们知道语言可以表达想法或感情、争论观点、传达信息、引发回应（如说服或娱乐），以及开启或保持与人的联系。儿童开始将语言、物体和动作联系起来，创造出越来越复杂的故事情节，调整他们的语言，以反映不同的变化。他们用表达位置的语言进行实验，学习名词、动词和形容词，如把海星放在浅蓝色的鹅卵石上、旁边是白色的海玻璃。小小世界游戏也鼓励儿童从书中延伸故事。例如，儿童可以在小小世界池塘中复述或修改简·布雷特（Jan Brett）的故事《苔藓》(*Mossy*)，也可以反思自己感兴趣的内容，并表达自己对故事的感受。

（三）提高认知能力

儿童在小小世界游戏时，通过解决问题和探究来促进概念发展。获得一个概念始于对真实物体的真实体验。小小世界里有很多可以探索和操作的真实事物，如石头、棍子、植物、贝壳、沙子和树皮。当儿童接触这些具体的材料时，他们的游戏就会产生需要解决问题的主题和情境。儿童通过实验和推理来学习如何应对挑战。他们可能会想出为企鹅制作滑梯的办法，为"三只比利羊"搭建一座桥，或者使用木块围起一个大象的饮水坑。小小世界的角色也面临需要解决的问题，如受伤或迷路，或者与怪物和坏人打交道。格蕾丝、麦肯以及戴顿在探索"月球上"的小小世界时，就遇到了一些问题，包括坠毁、汽油耗尽和不友好的外星人的干扰。

小小世界游戏为儿童提供了拓展对世界的理解的环境。玩小小世界游戏，儿童会有很多机会探索熟悉的地方和未知的栖息地，如森林、北极、海洋和丛林。小小世界允许儿童探索无法按实际大小重建的栖息地。例如，埃丽卡和家人一起徒步旅行后，在幼儿园里分享了自己的经历。教师模拟了一个森林小小世界，里面有各种自然类松散材料，包括松果、常绿树枝和森林动物的雕像，以便埃丽卡和其他儿童在他们的游戏世界和真正的森林之间建立联系。

在幼儿探索小小世界的过程中，一些基本的数学概念自然而然地在他们的游戏中展现出来，包括解决问题的能力、推理能力和对计算概念的理解。以加布里埃尔、马特奥和艾薇为例，他们在红木种植箱中建立了一个农场小小世界，里面有农场里的动物、人物、草、泥土和回收材料。他们把空间分成两个区域，一边放草，另一边放土。接下来，他们使用松散材料创建了更小的农场、农舍、谷仓、鸭池、畜栏、猪圈和田地（探究部分/整体关系和形状）。他们把道具放在里面、下面、上面或旁边（理解空间和位置）。农家庭院里的动物形象被分类（实践分类）。奶牛被放在草地上，猪被放在围栏里，鸭子被放在池塘（一面结实的镜子）里，马被关在畜栏里。加布里埃尔往围栏里加水，猪开始在泥里打滚。很快就会有干净的猪和脏的猪（学习比较），紧接着，满身泥的猪需要洗澡。与此同时，艾薇用棍子将畜栏分开，形成马厩，并在每个马厩中放置一匹马（显示一一对应关系）。后来，她把马从小到大排成一行（练习序列）。马特奥用反复试验的方法制作适合用于玉米田的长方形微型砖（实践测量）。

斯凯拉和黑兹尔在玩"蝴蝶精灵花园"游戏时展示了他们的加减能力。斯凯拉递给黑兹尔一个精灵，说："给，现在你有一个，我有一个。"黑兹尔咯咯地笑着，说："等等，这一个藏起来了。哦，不，这是另一个守护着仙尘的人。"她又增加了两个精灵，并宣布："现在我们有四个了！""是的，现在我们有四个！"斯凯拉重复道。黑兹尔说："如果她再躲起来，我们就只有三个了。"（练习减法）黑兹尔通过交替使用蓝色和白色的玻璃石头（探索图案），创造了一条通往精灵储藏室的路。黑兹尔把一个精灵放在树干的顶端，说："看，她是最高的精灵！"（练习测量）

（四）提高身体运动能力

小小世界为儿童提供了发展感知运动技能和精细运动技能的机会。感知运动技能整合了感官（知觉技能）和运动能力。当儿童与一个小小世界互动时，他们会增强身体意识、空间意识和方向意识。例如，利亚姆跪在森林小小世界旁边，以操纵树枝、松果和熊。利亚姆伸手拿了一块石头——它代表着恐龙小小世界里的一个蛋，没有打扰熟睡的恐龙。本杰明用他的手臂在海滩环境中推动和塑造沙堆。眼-手协调和精细运动技能随着孩子们操纵自然材料和一系列小小世界道具而得到发展与完善。在玩"冬天的小小世界"游戏时，阿达用左手食指和大拇指捏住了一块透明的玻璃石，并用右手握紧一个光滑的S形金属钩。接下来，她把注意力转移到代表雪的纯白色沙子上。当她用手在光滑柔软的沙子上摩擦时，她感受到触觉和视觉刺激，同时她拿了一个带条纹图案的蓝色玛瑙杯垫来进行旋转游戏。恩斯莉把一篮石头稳稳地放在腿上，然后用一只手小心地从篮子里取出石头，同时用另一只手握住容器（双手的灵活性），把它们堆成一堆。

（五）增强艺术表现力

小小世界游戏激励着儿童不断进行创造。当儿童充分发挥想象力，表达他们的兴趣、想法、感受和担忧时，小小世界的价值显而易见。材料的开放性，让儿童可以自由探索。他们的想象力可以把橡子变成帽子，把贝壳变成池塘，或者把树皮变成恐龙的食物。小小世界游戏涉及幻想、想象、虚构以及与创造性有关的行为。儿童创造真实或想象的场景，探索情境和个人经历。小小世界游戏是自发的，是没有经过练习或计划的。儿童在不经意间就能够创编一个故事，这个故事走向未知的方向。故事情节随着儿童使用小小世界中象征人或物的物品而展开。儿童扮演角色并决定故事下一步的走向。故事中通常有一个需要解决的问题，如保护某个人免受危险、找到某样东西或完成任务（如让恐龙远离喷发的火山，帮助兔子找到家人，或者在洪水过后重建桥梁）。故事可以是简单的，也可以是复杂的。在任何情况下，儿童所创编的故事情节都会导向有趣的结局，有时甚至是我们意想不到的结局。

三、基本组成部分：小小世界需要什么

空间位置

小小世界可以在户外的任何地方创建。小小世界可以被设置在固定的位置，如花坛、回收利用的树桩、红木花盆、喷泉或空心原木，也可以被设置在便携式的容器（如旧独轮车或轮胎）中。（有关安全地重新使用旧轮胎的更多信息，请参见第九章的相应内容。）它们可能藏在角落里，隐藏在现有的景观中，位于桌面、长凳、甲板或露台上，或者被放置在阳光下或阴凉处。无论你如何决定，请让小小世界远离交通，处于安静的地方。同时你还需考虑到儿童将如何接触和操作材料，它的位置和摆放是否能向儿童传递这样的信息：这是一个隐蔽的空间，可以让儿童独自或与朋友一起游戏并且不会受到打扰；也是一个能让多名儿童从不同的角度重新演绎故事、进行社交和游戏的空间。

这个红木花盆里曾经长满了植物，现在只剩一株，其他植物都死了。花盆光秃秃的，不过充满了创设的潜力。

谢丽老师决定把这个花盆盒改造成一个小小世界。由于儿童最近对斑马和长颈鹿感兴趣，因此，她选择以热带草原为主题。她用沙子、岩石和木头创设了地面，并用鹅卵石设计了一条河，使其蜿蜒流过盒子的中间。斑马可以在草地上吃草，而河马则生活在缓慢流动的河流中。现存的蕨类植物非常适合长颈鹿伸长脖子吃高高的叶子和嫩枝。

小小世界改造之前

小小世界改造之后

设计小小世界的小贴士

1. 将小小世界设置在远离交通的安静的空间。
2. 将其放入容器中。
3. 以主题为基础。
4. 分层设计——土壤、植物、物体表面和配件。从最大的开始,把较小的留到最后。把较大的物品放在后面,较小的物品放在前面。
5. 使用美观的自然材料制作小小世界的表层。
6. 使用自然类松散材料和小雕像作为道具。

主题

当创设一个小小世界时,首先要做的是选择主题或栖息地。把栖息地想象成人类或动物共享同一地点、兴趣或行为的社区。了解儿童的兴趣、魅力、担忧、精力和对冒险的渴望,以此作为选择主题的指南。这里有一些例子。

幻想栖息地:精灵、侏儒、独角兽、龙、巨魔

冒险栖息地:太空、海盗、恐龙、火山、洞穴

博物学家栖息地:湿地、森林、草原、冻土带、海洋、丛林、沙漠、潮汐池、海滩

水生栖息地:池塘、沼泽、河流、溪流、湖泊、海洋

动物栖息地:昆虫、蠕虫、爬行动物、鸟类、老鼠

文学和童话:《苔藓》(Mossy)、《三只比利羊》(The Three Billy Goats Gruff)、《三只小猪》(The Three Little Pigs)

季节栖息地:春、夏、秋、冬

行动栖息地:火车、汽车、卡车、建筑工地、挖掘工地

日常生活栖息地:玩具屋、野餐、茶话会、城市、农场、公寓、房子

四、工具和材料

容器和底座:几乎任何东西都可以被改造为一个小小世界的容器。这是回收和创造性地重新利用旧物品的最佳时机。发挥你的想象力,把一个旧花盆、镀锌浴缸、梳妆台抽屉、帽子、水盆或老式手提箱变成一个有趣的容器。如果不需要包含配件,那

么可以在平坦的表面（如地毯、瓷砖或木板）上创设小小世界。使用一个有深度的容器，如一个靴子盘可以放置带有沙土、鹅卵石等松散材料的游戏场景。在小小世界里使用托盘的一个优点是便于携带。如果这个小小世界里有植物，那么容纳小小世界的容器里必须有良好的排水系统。可以选择专为户外设计的木制或陶瓷花盆，或在所选的容器中钻孔，以便充分排水。

金属桶	烤盘	小地毯
澡盆	抽屉	餐盘
供鸟嬉戏的水盆	花盆	平底锅
行李箱	砂砾盘	手提箱
盒盖	空心原木	轮胎
托盘	果冻卷盘	马车
大原木/粗木材	泥盘	独轮手推车
泥碟	油盘	窗框
过滤器	播种机	种植箱
搅拌器	花坛	木桶

小小世界植物：植物的颜色和质地给小小世界带来了美感。它们提供了隐藏物品的地方，还激发了儿童的游戏兴趣以及团结性。植物还将儿童与自然世界联系起来。在小小世界里，草本植物必不可少，因为它们是可食用的，而且可以在任何排水良好的土壤中生长，只要拥有充足的阳光，它们就不需要其他太多的护理了。一些开花的草本植物，如韭菜和迷迭香，如果不修剪，可能会吸引蜜蜂。拥有光滑的叶子和茎的多肉植物是另一个很好的选择。它们耐寒且能够在干燥的条件下茁壮成长。大多数多肉植物对人类没有毒性。你必须坚持向园艺大师寻求建议，以确保为儿童选择安全的植物，并为气候区和特定的情况选择合适的植物。你可以在不同的季节更换容器里的植物，例如：在春天，可以添加草莓；在夏天，可以添加鲜花；在秋天，可以添加南瓜；在

冬天，可以添加常绿植物。在儿童探索这个小小世界之前，植物应该被精心培育。

罗勒	牛至	草莓	莳萝	迷迭香
细香葱	欧芹	多肉植物	龙蒿	薄荷
香菜	胡椒薄荷	马郁兰	鼠尾草	百里香

小小世界配饰：寻找属于栖息地的道具和自然材料。例如：森林游戏景需要森林居民，如松鼠、兔子、海狸、浣熊、鹿、狐狸和熊；自然材料包括松果、树皮、树枝、树叶和小石头。自然界中的任何东西都可以成为小小世界的一部分。小小世界里必须有足够的开放性材料来激发儿童的想象力。例如：树枝可以用来制作海狸坝或钓鱼竿，树皮可以变成帐篷，石头可以做成熊洞。苔藓、泥土和沙子等表面构成了景观的基础。干燥、压碎的草本植物可以形成很好的通道，增强感官吸引力。

小小世界的表面	树皮、罗勒叶（干）、可可覆盖物、椰子壳、玉米苞叶、莳萝草（干）、泥土、桉树叶（干）、开花的羽衣甘蓝、玻璃石、砂砾、活力沙、薰衣草（干）、薄荷（干）、苔藓、鹅卵石、玫瑰花蕾（干）、迷迭香（干）、草皮、留兰香（干）、稻草、麦草
小小世界的松散材料	橡子、树枝、桂皮、浮木、树叶、松果、围巾、海豆、海玻璃、贝壳、豆荚、线轴（木制）、石头、瓦片、原木块

添加到游戏场景中的植物为游戏空间增添了纹理、颜色和美感

可可覆盖物为儿童参与这个农场小小世界提供了有趣的感官体验

设计和组装

一旦收集好容器、"居民"、道具、松散材料和表面覆盖物，设计小小世界的时候就到了。一个很好的出发点是分层设计土壤、植物、物体表面，然后是配件。提前画出布局的草图，尤其是在重新创建熟悉的场景时。例如，对于故事《三只小猪》，教师需要将三间小猪的房子分开，用一条小路连接它们。从最大的空间开始，把较小的空间留到最后布置。同时记得将较大的物品放在后面，较小的物品放在前面。对于有植物的永久性游戏场景，可以先用泥土填充容器，并根据需要排列植物。对于便携式游戏场景，先从表面材料（如动力沙和苔藓）开始，然后是更大的道具。最后的润色材料包括鹅卵石、小路、松散材料和"居民"。记住，开始时教师放置的材料最好少一点，简单是关键。在最初的小小世界中，只有一个属于感官元素的材料和两个道具。当儿童准备好面对更复杂的情况时，教师可以添加配件和属于感官元素的材料。

存储和整理

一般来说，小小世界的配件和道具都在小小世界中，因此，教师不需要再增设空间来存储这些材料。其他道具可以放在靠近游戏场景的桌子或地板上。在恶劣的天气中，教师需要保护放有围巾或玉米芯被褥等吸水材料的小小世界，因为玉米芯吸水会膨胀，而且受潮后会发霉。

清洁和维护空间

小小世界的游戏空间在儿童玩后需要重新归置。为了延长儿童的游戏时间,教师需要更换小小世界里的材料或增加新东西。只需几分钟就可重新设置小小世界的表面和道具。例如,教师可能需要在小小世界里重建一条石路,将苔藓塞在原木下,或者将垫圈放回到馅饼罐中。从细碎的表面(如沙子)取出较小的碎片的一个技巧是使用金属筛或浆果篮舀起物品,然后摇一摇。一个有条理的小小世界会传达这样的信息:"来和我一起玩吧,这里有可用的道具。"而一个混乱的小小世界会表明:"有人在这里玩,或者有人已经在这里玩过了。"当事情一团糟时,儿童会不知道该怎么办。想一想,如果你家杂乱无章,在这种情况下,你根本找不到你需要的工具,那么你就会很难集中精神,无从下手。

【提示】如果你是一个喜欢秩序井然的人,我建议你仔细选择小小世界的材料,使用数量有限的物品。考虑到儿童可能会混合材料,因此,你如果不想让儿童把沙子倒入水中,那么可以考虑用亚克力镜子代替水。你如果不想让儿童把粉碎的留兰香和牛至混合,那么可以只提供一种干药草。

教师需要及时调整小小世界以支持儿童的游戏。教师要仔细倾听儿童的语言,观察他们的行为。我们可能会发现儿童在这个小小世界里需要更多的活动空间,当他们的兴趣减少时,我们就要思考是否改变空间的位置或者增减游戏材料。

五、额外维度

创设小小世界是有感染力的。你会在发现独特的容器和设计富有想象力的游戏场景中感受到莫大的乐趣。在选择材质来表示对象时,请从字面上理解。例如,围巾、沙子或蓝色的玻璃宝石都是表示"水"的完美材料,用亚克力镜子代表池塘或冰面也是一个不错的选择。将破碎的彩色宝石撒在白色的沙子上,为花园营造出一种奇妙的仙境的感觉。可以用稻草、树枝和石头覆盖鸟窝,同时不要忘记为三只小猪建造家园。一条撒有干迷迭香和玫瑰花瓣的小路,增添了引人注目的颜色和香味。我们要不断探索创造独特且富有想象力的小小世界的多种可能性。

支持公平学习

- ◆ 让儿童以对他们最有意义的方式使用材料。
- ◆ 允许儿童掌控他们的假装游戏。
- ◆ 避免在儿童的假装游戏中施加命令。
- ◆ 避免在小小世界景观中使用真正的食物,因为这是对家里没有足够食物的儿童的不尊重,也会让被教导不要玩弄食物的儿童感到困惑。
- ◆ 限制道具的数量,因为对一些儿童来说,道具太多比道具太少更糟糕。
- ◆ 支持儿童进入小小世界游戏并保持团队成员身份。
- ◆ 鼓励儿童谈论他们生活中的担忧,并建立一个小小世界,让儿童重新体验生活中的情景。
- ◆ 帮助那些玩不好假装游戏的儿童学习如何玩。
- ◆ 创设不同层次的小小世界,这样所有儿童都能进入小小世界里进行游戏。

桂皮在这里成了原木

池塘是由水和玻璃石建成的

孩子们为三只小猪盖的房子

六、创设婴幼儿小小世界的一些想法

婴幼儿小小世界游戏是关于发现的：这些材料是什么？它们最有趣的特性是什么？我能用它们做什么？为更方便婴幼儿玩耍，教师可以在小小世界里投放更大的道具，如池塘小小世界里的超大青蛙或超大虫子。用不存在危险的较大零件更换松散的零件。要知道，婴幼儿会抓握、混合以及乱扔材料。考虑你对混乱局面的容忍度，可以通过限制材料和简化游戏场景来避免这些问题。例如，一个经过改造的兔子小小世界可能包括一块绿色的地毯，上面有可爱的玩具兔子，还有一根地毯管。在这个兔子小小世界里，仿佛有一只兔子在洞穴里，它可以从地毯下面向外窥视。鸭子池塘可以由一条蓝色围巾、一块方形地毯或几条织物组成，从而形成一个由池塘和玩具鸭子构成的小小世界。

第七章
建构区

今天，经由查理（5岁）、贝尔纳黛特（2岁）和戴安娜（3岁）的设计，建构区正在被改造成一所可以居住的大房子。当女孩们用松散材料进行建构时，一张平面图展开了，同时儿童在建构过程中还需要对物体的功能和稳定性有一定的了解。在建构区，首先映入眼帘的是一张桌子，桌子上有一个很大的木制电缆盘。四个较小的电缆盘变成了椅子。线轴和木板构成卧室的墙壁，区域里有一张中等大

小的床和一张小床。戴安娜说："小狗不能睡在小猫的床上。"目前我们尚不清楚，孩子们是想给人住这间卧室还是给宠物住。接着，我们看见贝尔纳黛特用一个木箱创造了一间通往餐厅的浴室。这间浴室的位置可能并不理想，但它的位置表明，沐浴对学龄前儿童来说也是一件重要的事情。吃饭也很重要，所以女孩们花了很多精力在柜台上寻找食物。柜台架子是用戴安娜所说的"马行者"（锯木架）、板条箱和木板搭建的。树叶曲奇和浮木片成为必不可少的食物，除此之外，还有西瓜、粉色的鱼饼干和苹果。后来，设计师修改了平面图，查理宣布"我们需要再做一间卧室"并且"我们需要更大的客厅"。当他们移动区域里的物体时，制作和更改平面图涉及大量的决策和批判性思考。家具和墙壁可以被很容易地移动，一个空间也可以变成其他形式。拥有设计空间的机会和灵活性对儿童来说非常重要，因为他们可以自由地进行探索，不断提升自己的建构能力、理解力、创造力以及对大型松散材料的掌控力。

一、建构区的作用

积木是幼儿游戏中最基本、通用、有趣且必不可少的材料之一。在激发想象力和

创造力方面，没有比积木更好的材料了。室外建构区具有与室内相同的元素，用于建造真实的和虚拟的结构，儿童可以像机械师或土木工程师那样进行测试，其规模大于室内，并包括各种大型的开放式建构材料。噪声和混乱不是问题，我们要善于保护小小建筑师们的冒险精神。此外，儿童的建构作品通常可以保留下来，这样儿童就可以日复一日地丰富他们的作品。在这个为建筑和工程而设计的令人兴奋的环境中，儿童可以自由且热切地进行调查、探索和实验。同时，由于建构材料是开放性的，因此，儿童拥有无限的游戏机会。

> **图式学习**
>
> 搬运：搬运建构材料，使用滑轮。
> 变换：用材料搭建不同的结构。
> 轨迹：在建构时倾斜木板。
> 旋转：旋转木质线轴。
> 围合/包裹：围绕自身或动物玩具进行建构。
> 连接/断开：将管道连接在一起并将其拆开。

二、建构区促进学习

（一）促进社会与情感能力发展

在儿童冒险和做决定时，建构材料是培养其自尊、能力和独立性的理想材料。当儿童成功地建造了一座高塔时，他们的微笑和强烈的自豪感显示出他们越来越自信。当儿童用材料进行建构时，他们会独立行动，应对挑战与问题，在这个过程中展现自己的能力，并从与他人的互动和经验中学习。塞巴斯蒂安伸出双手，远远地伸过头顶，在他的塔楼上添加了第五块红木。当他向亚里克莎描述自己的成就时，他退后一步，自豪地微笑着。两人继续讨论如何使它更高。当有人碰倒了他们的作品时，他们会自我控制，抑制打架的冲动，从而进行自我调节。"当家做主"是一件非常令人满意的事情，它能激发出儿童的成就感和自我价值感。

建构区为儿童提供了合作、交流和解决问题的机会。在合作建造堡垒等建筑时，儿童必须通过协商解决出现的问题和分歧。例如，"我们将使用什么材料？""堡垒有多高?""我们如何防止它倒塌?""堡垒有窗户吗?""我们如何才能防止人们进入我们的堡垒呢?"分享材料和空间促使儿童尊重他人的工作,培养同理心。当儿童共同构建时,他们会分享想法和见解,向更成功的建构者学习,结交朋友,坚持完成具有一定难度的任务,并从其他角度看待世界。

(二)提高语言沟通能力

当儿童与他人一起建构时,他们会自然而然地谈论自己的行动、计划和需求,分享建构的故事情节,交流想法并学会妥协。儿童把语言理解为一种社交工具,因为它的发展建立在与他人交流的基础上,能够阐明意图,告知他人,表达观点和感受。儿童学习与建筑相关的新词汇(如"坡道""水平""延伸"和"稳定"),以及物理术语(如"平衡""距离""速度""冲击"和"投射物")。儿童学会描述不同方位的物体,其空间语言得到了提升。儿童学习描述位置("上方""旁边")、属性("短""高""长""对称")、旋转方向("转向""右")以及几何形状("方形""矩形""圆柱体")的词语。在建构区游戏也有益于双语和非双语儿童,因为它允许孩子们通过多种方式用开放性材料交流想法。一天,戴安娜和萨尔瓦多一起建造了一座桥,桥的一端是一个大木箱,另一端是 2.5 米外的一个浅木箱。在木箱之间,他们排列了六个床垫。一块木板架在加高脚垫和大木箱之间以作为桥梁。两名儿童走到材料存储区。萨尔瓦多说:"一块大的木板可以帮上忙。"他选择了一块 1 米长的木板,用它跨越浅木箱和加高脚垫。他调整棋盘,使其更居中。戴安娜拿着一块 0.5 米长的木板走过来,说:"是的,我们需要这个。"当她弯下腰把木板放在加高脚垫上时,萨尔瓦多在加高脚垫上方做了个手势,说:"不,戴安娜,我们已经准备好了所有需要的东西。"戴安娜开玩笑似的把木板放在床垫上。萨尔瓦多捡起它并把它递给戴安娜。"这不是个好主意。把它收起来。"戴安娜咯咯地笑着,拿起木板,把它放回储藏室。萨尔瓦多说:"现在我们要拆毁这座桥,建造一座新桥。"他踢了踢一根加高脚垫。戴安娜回来后,也跟着他踢了踢。桥倒塌了。萨尔瓦多说:"现在,让我们建造一座新桥。"他们把加高脚垫放在一起。当戴安娜拿着 1 米长的木板连接木箱和加高脚垫时,萨尔瓦多将两个加高脚垫推得离木箱更近。他们在桥上又增加了三根加高脚垫。萨尔瓦多走到桥上,当他开始走过桥时,木板在他的脚下晃动。戴安娜说:"小心点。"他的身体逐渐平衡。

(三)提高认知能力

当儿童在建构区操作材料以及遇到挑战时,他们的认知能力会得到发展。儿童在研究不同的建构材料时会运用逻辑思维和推理能力。当儿童用小木块建造塔楼、道路、围墙和桥梁时,他们会在正下方、上方、旁边和斜下方放置木块,测量和评估空间关系。儿童在每次重温材料时,都会运用他们从以往经验中获得的对知识的理解。例如:奥利弗、萨尔瓦多与德鲁用板条箱和木板建造了一列火车;当德鲁发现木板可以穿过板条箱上板条之间的缝隙时,这个结构就变成了一架直升机;萨尔瓦多把木板看作螺旋杆。他们后面的建构作品都用到了板条中的木板,因为儿童对于如何使用它们具有丰富的经验。

在儿童逐步构建复杂的结构的过程中,他们对稳定性、重力和平衡等科学概念有了更深的理解。像科学家一样,儿童提出假设,进行尝试并通过反复试验来验证材料的适宜性。例如,奥利弗(2岁)反复让玩具车从一个浅板条箱的木板上滑落。萨尔瓦多(3岁)开着一辆大型金属自卸卡车穿过有障碍的木板层,然后把它从树干和不同的板条箱上推下坡道。萨尔瓦多向奥利弗阐述了他的理论:"高坡道使卡车行驶得更快。"他发现了因果关系。后来,他指导奥利弗如何让卡车在坡道上更快地行驶。

随着儿童与建构区中的松散材料接触,象征性的表现也会增加。马里亚诺正在建构区建造一所房子。他能把一块浮木想象成工具。在学习读、写和计算时,他把一块木板夹在右臂下,左手拿着一块长长的浮木作为钻头。他开始"钻"木头,发出"咔咔咔"的声音。这种在头脑中表现物体的过程将帮助马里亚诺学习使用字母和数字符号。

儿童在建构过程中发展了数学技能,包括分类、比较、对比、排序和模式化。查理使用10厘米×10厘米的红木柱,这些柱子被切割成10厘米、20厘米和30厘米长的积木。当她与戴安娜还有德鲁一起建造摩天大楼时,她将所有30厘米长的积木放在一起进行分类,将每一排积木平行叠放在前一排的上面,形成一堵墙。她将每块新的积木与她已经使用的30厘米长的积木进行比较,以确定它们是否具有相同的大小。查理展示了"对比"技能,她看着戴安娜的墙,看看它与自己的墙有什么不同。建造者们小心翼翼地工作,建造坚固的墙——"不会在风中倒下"。排序是更高层次的比较,因为涉及根据一个共同的属性(如大小、体积或重量)或者按逻辑顺序排列物品。戴安娜展示了她按大小排列的红木块,显示出她对排序的理解。女孩们把她们的墙和相邻的墙连接起来,组成摩天大楼。在围墙内,德鲁正在建造一个电梯。他交替使用红木块和木板制作电梯塔,体现了模式化的问题。儿童正在发展其他数学概念,如对称、形状、大小、数量、空间、几何、分数和部分/整体的关系。

（四）提高身体运动能力

建构区的工作是体力劳动，涉及很多动作，儿童通过运动来学习。当儿童用松散材料进行建构时，其大小肌肉运动技能、眼-手协调能力和视觉感知能力都得到了发展。德鲁和萨尔瓦多举起、搬运、保持平衡，将木轴、栏杆支撑块和拱门运到露台上的建构区。当他们把碎片叠放起来时，他们学会了如何控制自己的身体位置（平衡），同时踮起脚尖来变得更高。他们了解了身体意识，以及如何在不会撞倒塔楼的情况下进行堆叠。德鲁和萨尔瓦多在控制、引导、指挥以及用手将木块放置到位时，发展了眼-手协调能力。在每次塔楼倒塌时，男孩们都会迅速跳开（感官处理）。男孩们专注地重建塔楼的能力令人印象深刻。建构区的材料由于是开放性的，因此存在不同难度的挑战。每名儿童都可以自由地选择挑战级别，从而获得个人进步。

（五）增强艺术表现力

建构区的建筑启发儿童以不同的方式思考问题，并从想象中创造结构。儿童是建筑师，他们探索设计建筑和结构的艺术及科学。艺术元素塑造了儿童的创造力。他们通过运用线条、形状、样式、颜色、空间和纹理来创造雕塑和建筑。建构区由木材、金属和石头构成，有多种颜色、纹理、色调、形状和比例。儿童组合和放置材料的方式决定了建筑的视觉吸引力。儿童在建构时会体验比例、对称性以及实体（墙壁、屋顶）和空洞（开口）之间的关系。随着儿童探索建筑结构的科学性，其发散思维（以多种方式解决问题的能力）将得到增强。

德鲁和塞巴斯蒂安坚持不懈地把木板排成三脚架的形状。他们面临挑战，因为木板无法保持平衡，并不断下滑。他们反复坚持，尝试不同的倾斜和定向策略，使木板相互支撑。经过多次尝试和错误，木板最终保持稳定，形成了一个对称的金字塔。他们蹲在建筑的两侧，通过木板上的裂缝相互窥视。终于成功了！随着儿童从发现阶段进入更高级的建构阶段，他们的创造力在建造某些图形以及具有对称性或表现现实的结构中迅速发展。他们的想象力可能会把他们带到外太空、幻想世界、消防站或爸爸的房子。

三、基本组成部分：建构区需要什么

空间位置

建构区具有很强的吸引力，因此，它需要足够大的空间，以容纳多名儿童建造大型的复杂结构。争取一个 9 米 × 12 米的水平空间，尽管儿童的建筑通常会超出建构区域，延伸到户外其他空间，但是创设多个建构空间可以满足儿童不同的需求。一个大的开放空间，放置着大的材料，允许儿童更自由地进行建构。如果儿童使用的建构材料比较小，那么他们可以在 2.5 米 × 3 米的地毯上建构，有些儿童更喜欢独自或与朋友在更隐蔽的空间里建造房屋。如果可能，那么教师可以提供一个有遮掩的建构空间，允许儿童在恶劣的天气中进行建构。没有什么比到户外呼吸新鲜的空气，更能让儿童和教师振奋精神的了。

工作空间

空间中的不同层次增加了儿童的兴趣和挑战度，同时允许儿童建造高楼，矮桌子、迷你锯木架、树干、稻草包、轮胎、木质线轴、扁平的圆石和板条箱都是不错的添加物。

建构区改造之前

建构区改造之后

地面

相对于院子里的树皮和砾石,混凝土或沥青也可以作为建构区的表面。儿童可以把 10 厘米长的管子插到砾石或树皮中,使其保持稳定。要注意的是,砾石仅适用于 3 岁以上的儿童。

最初,这个空间综合了建构区和运动区,在一名或多名儿童开展大型运动活动时,其他儿童很难在这个区域里进行建构。地面是大型橡胶运动场地砖,以防儿童跌倒。大型连锁塑料积木提供了建构的可能性,但连锁设计限制了标准单元积木可提供的学习平衡性、稳定性和建构的机会。

为了给小小建筑师们提供充足的建构空间,需要重新安排大肌肉运动区的位置。我们希望地面上有比橡胶砖更具视觉吸引力的东西,但当我们发现瓷砖下面有泥土时,我们不得不改变想法,砾石成了最划算的选择。对于建构材料,木块和被切割成统一尺寸的黑色管道被储存在板条箱中,并排列在该区域的周边,以便于进入。我们提供了排水沟和用于制造斜坡的木板、迷你锯木架以及木箱。

丰富建构区

创设一个鼓励探究案的环境是孩子们做有关平衡、稳定性、重力和设计的实验的关键。丰富多样的建构材料会激励孩子们建造有趣的结构。木质建构材料的自然美，使空间具有美感。随着时间的推移，木材的变化产生了奇妙的颜色反差。丰富的建构材料使小小建筑师们兴奋不已，并引发他们建造一些大的建筑。

> **设计建构区的小贴士**
> 1. 提供一个足够容纳多人的平坦的空间。
> 2. 将建构材料分成大小均匀的若干份。
> 3. 准备充足的材料，这样孩子们就可以建造大型建筑。
> 4. 将材料整理并存储在板条箱中，使它们易于获取。
> 5. 使用板条箱和锯木架提供不同水平的建构挑战，激发儿童的兴趣。

四、工具和材料

通常情况下，积木由木材制成，要在市场购买。不过，室外建构区的建构材料也可以由教师利用多种材料自制。用未经处理的红木或雪松木方柱（10厘米×10厘米×250厘米）和黑色排水管（10厘米×300厘米）制作积木。将长条切成10厘米、20厘米和30厘米的小段。就像单元积木一样，形状和尺寸都是标准化的。然后，将切好的积木进行打磨，以确保边缘是光滑的。电池驱动的砂光机比较适合成人，儿童用砂石打磨粗糙的边缘和侧面即可。打磨是儿童很喜欢的一种活动，能够给他们带来非常满意的体验。

不同长度（60厘米、90厘米和120厘米）和宽度（15厘米和30厘米）的木板可以用红木、红雪松和柏树手工制作。具体请咨询当地木材厂，确定外部木材的可用性和成本。尽管松木不是作为外部木材设计的，但是它在完全暴露的情况下也能在保护区维持几年。随着时间的推移，木材会变色，变成不同的银灰色。但是，切勿使用经过化学防腐剂处理的木材，尤其是用于托盘的木材。

木质和塑料的板条箱在建构区有双重用途。它们存储材料，非常适合建造大型建筑。同时，木箱很坚固，儿童可以用木箱和木板搭建他们可以在上面行走的结构。

加高脚垫的设计目的是将床等家具抬离地面，虽然不是专为儿童设计的游戏项目，

加高脚垫提供了有趣的建构的可能性

统一尺寸的自制木块由未经处理的红木柱制成

重新调整用途的空线轴是建构区新增的受欢迎部分

但它们作为建构区的松散材料,有很大的作用。它们很重,形状均匀,可以承受很大的重量,并且有不同的高度。

建构工具	加高脚垫、黑色波纹管、黑色 PVC① 管（直径 10 厘米或 15 厘米,切割成 15 厘米、20 厘米和 30 厘米的小段）、凹槽模塑（60~120 厘米长）、梯子（小）、原木、牛奶箱、托盘、木板（30~180 厘米长）、滑轮系统、红木立柱（底面为 10 厘米 × 10 厘米,由长 10 厘米、20 厘米和 30 厘米的小木块拼成）、沙袋（10 厘米 × 20 厘米或 15 厘米 × 30 厘米）、迷你锯木架、轮胎、木块、树干、木质电缆盘、木箱、木板、木屑
松散材料	浮木、大石头、绳、锡罐、小木片

存储和整理

如果可能,把建构材料放在建构区里,这样就可以方便儿童随时使用它们,教师也不必每天把它们运进运出。板条箱在存储建构材料方面尤其有效。板条箱底部有缝隙,可以允许某些地面材料（如泥土、砾石、沙子和树皮）从中掉落,而不是堆积在箱子底部。将板条箱沿区域边缘排列,以便儿童进入游戏区。将类似的物品放在同一个板条箱中。例如,一个板条箱里装着全黑的管子,另一个板条箱里装着红木木块。长木板需要更重的板条箱或中型的垃圾桶来支持它的重量和尺寸。如果儿童可以很容易地把木板靠墙或围栏放置,那么教师可以选用较轻的塑料筐来收纳木板。可以在围栏上安装带木销钉的滑雪架或衣架,用来固定木板。在开放式货架上放置板条箱,以便于取用。较小的松散材料可以增加游戏的趣味性,并扩展和增强游戏性。这些材料可以存储在容器或篮子中。

---

① 其英文全称为"Polyvinyl chloride",中文名为"聚氯乙烯"。——译者注

清洁和维护空间

清理建构区是日常工作的一部分。当有一个简单的收纳系统时，儿童会知道把材料放进板条箱里或堆在架子上。一个条理清晰的区域可以让建构者更快地找到材料，也更容易把材料收起来。有时儿童可能会要求他们的建筑作品保持不动，这样他们下次就可以继续建造。与室内区域不同，户外建构区域不需要进行其他活动，因此，儿童的建构作品可以长时间保存。

可以通过收集、添加和补充自然类松散材料来丰富建构区域，如粗大的树木块和原木。定期检查破碎物和毛边材料，确保建构区的安全。打磨或根据需要及时补充物品，每年更换几个木块、木板或板条箱，不需要一次性更换所有物品。检查材料是否发霉，这在潮湿的气候中可能是个问题。及早发现霉菌，是用漂白剂成功根除霉菌的关键。如果有可能，将材料存储在干燥的阴凉区域或有遮盖的工作空间里。防水布可以在雨季用来保护物品。过度暴露在阳光下和雨水中，会影响木材的耐用性。

五、额外维度

木块是在建构区添加质朴的自然材料的绝佳选择。从你的院子、邻居家或远足的地方收集掉落的不同直径的树枝。橡树、樱桃、胡桃、樟脑、白杨、白蜡树、山核桃

树、红木、云杉、冷杉、雪松和桦树具有不同的气味、颜色和纹理。尽量不使用松木,因为松木有很多汁。绿色或新鲜的树枝往往会裂开,露出一个 V 形切口,因此,我们需要让树枝风干几个星期后再进行加工。有些人认为碎树枝是有缺陷的,其实它们仍然是可以使用的。可以使用手锯或带锯锯树枝。如果使用手锯,那么可以在切割时将树枝固定在虎钳中。带锯速度快,效率高。在操作带锯时,一定要遵循所有的安全程序,以免受伤。树枝可以被切割成不同的厚度和直径。把树皮铺在地上,以提供不同的质感。树皮可能会因为重复使用而脱落,但木块还是好的。不寻常的形状,如拱门或 Y 形的树枝特别吸引人。因为树枝是自然生长的,所以我一般也会保持它们自然的形状。如果有必要,可以用蜂蜡或透明的漆为树枝提供额外的保护。如果你不方便或没有锯子,那么你可以寻求他人的帮助,例如,请求幼儿家长或亲人帮忙锯树枝。我们有一位教师请求她的哥哥把原木块作为生日礼物,她的哥哥很高兴用自己的木工技能制作了一份免费但有意义的礼物,教师和班级里的孩子们都为原木块礼物而兴奋不已。当然,你也可以在网上购买木块。

支持公平学习

- ◆ 鼓励女孩和男孩都参与建构。
- ◆ 使建构区的地面和空间方便使用轮椅或助行器的儿童移动。
- ◆ 为无法移动的儿童提供桌面或地面的积木游戏。
- ◆ 帮助儿童在建构区找到自己的角色,促进他们适应和调整。
- ◆ 鼓励更有经验的建构者作为专家来帮助其他儿童进行建构。
- ◆ 为说不同语言和拥有不同能力的儿童提供建构示范。
- ◆ 提供不同类型的积木。
- ◆ 添加易于操作的轻量级积木或附加积木,以帮助手部协调能力较差的儿童。

第七章 建构区 119

迷你锯木架为木板提供支撑

在一个家庭托儿所中,室外地毯成为婴幼儿的建构区

当德鲁发现木板可以穿过板条箱时,这个结构就变成了一架直升机

六、创设婴幼儿建构区的一些想法

可堆叠的材料（如下）支持婴儿的建构。

- 大的、光滑的石头。
- 塑料杯。
- 光滑的台面瓷砖样品。住宅样品可以在网上购买，有时也可以在出售升级回收材料的商店找到。
- 锡罐（用边缘光滑的开罐器打开）。
- 木制积木。
- 木制或金属的碗。

学步儿喜欢堆叠、撞倒和平衡放置积木。支持蹒跚学步的孩子学习的关键，是在游戏区内提供他们容易获得的材料。幼儿园建构区的材料适合学步儿，但对学步儿来说，需要有些调整，我们需要提供30厘米、60厘米和90厘米长的木板，以便他们更容易操作。提供较低的工作台面：站台、板条箱和树干。学步儿喜欢搬运，也喜欢填充和倾倒。为学步儿提供有把手的桶和篮子、货车、手推车或大型自卸卡车，让他们能够搬运材料，这是对他们的兴趣的支持。

第八章
轨迹区

由于空气质量指数一直处于对健康不利的范围，孩子们已经很多天没有进行户外游戏了。好在傍晚的时候，空气质量指数是安全的，孩子们终于可以出来游戏了。和孩子们期待中的一样，莉萨老师和罗茜老师为他们安装了一个新的轨迹设施。一个大的地毯膜管和雨水槽靠在自制的木质框架（类似梯子）的横档上。谁知道一个地毯膜管竟能引起加文、利利安娜、罗米以及怀亚特这么浓厚的兴趣？四个孩子像春天里的小羊羔一样冲过去查看新的游戏设备。利利安娜用尖细的声音说："上，下，上，下。"同时，她像玩跷跷板一样推拉着地毯膜管的顶端。她走到管子的下端，用力把管子推上去。倾斜的管子卡在了木横档上并保持不变。接着，利利安娜的注意力转移了，她把一个球放在雨水槽里，当球沿着斜坡滚下去时，她伸直双臂，仿佛自己也"滚"了下去。与此同时，怀亚特把一个球放进了地毯膜管。当球向下滚动时，他就朝管子里窥看。接着，他把第二个球送入管道，并专注地看着它迅速下落。他挥舞着手臂，高兴地跳跃着，然后跑到正在捡球的加文身边。罗米抓住管子，把脸对准管口，透过管口往外看了几秒，然后把头扭开。她重复了几次偷看的动作，每次都笑得很开心。她的兴趣似乎集中在捉迷藏上，而不是滚球上。她似乎认为，当她的头藏在管口里时，大家就看不到她了。加文把球一个接一个地放进管子里。他将身体偏到一边，观察球在另一端出来的状态，而没有观察管子内部。四人组继续进行了一段长时间的轨迹实验，同时享受着找球和捡球的乐趣。

一、轨迹区的作用

儿童对运动很着迷，并能够长时间地参与其中。他们的眼睛盯着移动的物体，他们的身体享受着作为移动物体本身的力量和自由。这种吸引力是一种叫作"轨迹"的行为图式。当儿童踢球、推自卸卡车或挥杆时，他们展示出了水平轨迹。垂直轨迹是指婴儿把物体扔下去，然后看着它们掉落，或者幼儿用软管把水喷到空中。对角线轨迹是指儿童从滑梯上滑下来或把球滚下斜坡。教师通常很快就能注意到轨迹动作，当儿童的某些动作（如朝别人喷水或撞倒另一名儿童的建筑作品）看起来不合适时，教师就需要介入。为儿童设置探索轨迹的特定空间，可以使儿童有更适宜的活动。轨迹可以在多个户外区域以多种方式被看到。在艺术区用喷瓶往屠夫纸上喷水彩、在玩沙区用漏斗倒沙或者进行简单的摆动都是轨迹活动。轨迹区的松散材料可并入建构区、玩水区和玩沙区。简单的装置（如弹射器、钟摆、水泵和滑轮）可以放置在不同的户外空间或某个指定的空间，如轨道墙，可以将斜坡安装在墙上或栅栏上。

> **图式学习**
>
> 搬运：移动和搬运管道、雨水槽及木板。
>
> 变换：使用建构材料创建斜坡。
>
> 轨迹：将物体从凹模、水槽和管道滚下，创建斜坡，拆除物品，投掷物品，推独轮车，攀爬，滑动，摆动，跳伞，向别人喷水，用喷雾瓶喷洒，倒水或倒沙，用弹弓发射物体，用滑轮吊起物品，钟摆摆动，锤击，锯以及砸东西。
>
> 旋转：看着球从滑道上旋转下来或抛向空中。
>
> 连接/断开：通过连接管道或排水管来创建斜坡，拆除斜坡。

二、轨迹区促进学习

（一）促进社会与情感能力发展

当阿什顿和萨米一起用轨道墙游戏时，他们学会了从别人的角度看问题，并且学会了分享、互相帮助和轮流等待。阿什顿拥有更多的轨迹经验，他在萨米努力把球放在最高的坡道时为其提供了帮助。当萨米掌握了方法时，阿什顿提供的帮助就少了。

这个概念就是众所周知的"脚手架"。阿什顿和萨米在坡道上轮流放球，他们轮流扮演领导者和追随者。随后，两个男孩站在轨道墙的两端，一起计划如何以及何时在不同的坡道上同时释放小球。

当儿童花很长时间做一些激发他们的好奇心和内在动机的事情时，他们的毅力、主动性、独立性和自我调节能力都会得到发展。对德鲁来说，这是测试球在滑道上的速度和方向的试验。每天他都独自一人或与朋友长时间在轨道墙这里游戏。他通过等待球落地来练习自我控制，并承担起不会撞倒队友的责任。德鲁尝试着同时把多个球放入滑道，他的心情是愉快的，而不是害怕失败的。当几个球在不同的轨道上出现时，他可以应对压力。德鲁和其他儿童在这段令人难忘的经历中释放能量，验证他们的理论，控制他们的行为。

（二）提高语言沟通能力

轨迹空间有利于培养儿童的语言能力，因为儿童为朋友们发出口头指示，并将他人的指示转化为准确的行动。黛西指示其他人把球放在斜坡上："向左、向右、向上、向下、停止、前进。"她向其他人解释她的行为："如果我让球从这里开始，它会卡住，但当我把球放在这里时，它会快速地一直滚到底部。"当儿童在一起验证他们的想法时，他们就会获得沟通和协作的技能。例如，希拉和迈克尔分享想法并进行协商，因为他们建造了一个U形斜坡结构，有三根排水管。他们谈论如何在排水管下放置沙袋，以设计出适宜的斜坡，并在球从排水管滚出时阻止球掉落在地上。

掌握物理和工程概念就像学习新语言一样。你需要在学习这门语言的过程中找到乐趣，并愿意沉浸其中，犯错误，观察他人。随着儿童不断地在轨迹区游戏，他们会越来越感到舒适，其理解能力也越来越强。教师可以通过介绍"旋转""方向""距离""碰撞""速度""时间"和"力量"等词语来促进儿童语言能力的发展。教师切记，只描述看到了什么，而不要解释为什么会发生。鼓励儿童解释自己的理论、预测、行动和结果，有助于培养他们的批判性思维，提升其探究能力。当成人解释正在发生的事情时，儿童的思维会受到限制。成人可以重申、澄清或质疑他们的想法，而不是纠正他们。

（三）提高认知能力

在儿童计划、测试、解决问题和调查的过程中，涉及松散材料的开放式游戏可以培养他们的认知能力——这是科学探究的技能。凯利和梅雷迪思根据排水管的不同长度设计了不同的轨迹坡度，以探索它们的排列方式如何改变水流的方向、角度和速度。在游戏中，科里发展了预测能力，因为他在球滚落时预测球会走哪条路线，同时通过观察球来练习视觉追踪能力，以证实自己的预测。安娜莉丝对斜度和球滚下木板的速度之间的关系很着迷。每天她都尝试一种新的方法来抬高木板。她试过用树干、板条箱、沙袋和迷你锯木架。艾萨克图也被斜坡和速度吸引住了，他使用了凹槽和乒乓球，并且创造了两个相同距离和坡度的轨道，通过在其中一个轨道上设置滑动隧道（纸板管）来改变乒乓球的轨迹。他同时释放两个球，观察谁先落地。接下来，他降低了一条轨道的斜率，并注意到球的速度发生了变化。在探索中，艾萨克图通过预测和判断球的速度发展了时间意识。

（四）提高身体运动能力

感知觉和运动发展是儿童学习的核心组成部分。感知能力是指儿童对世界（包括他们自己和周围的一切）的觉知和接受。儿童通过视觉、触觉、身体知觉、听觉、时间知觉和其他感官来收集信息。感官信息被组织和解释，然后被执行。感知运动能力中的运动，是指儿童基于感知和理解的内容所采取的行动或自我表达。

身体控制能力，包括运动知觉、平衡感（动态和静态）、反应灵敏度、适应性和操作物体的能力，在儿童创建斜坡和探索运动时能够得到培养。当儿童观察球的运动方向时，其对身体和空间关系的理解就会得到发展。当儿童在创造结构时，他们的空间意识会提高。当儿童决定斜坡的坡度时，其深度知觉能力得到加强。儿童通过观看球滚下斜坡来练习视觉专注和视觉追踪技能。例如，当一个球改变方向或多个球滚动时，玛丽贝思就需要改变她的视觉焦点。

儿童在移动木板、排水管和水槽的过程中获得了力量和对身体的控制能力。例如：戴安娜和阿里特拿着一根 240 厘米长的穿孔排水管的两端；他们费了好大劲才把那根沉重的管子拖到院子里；在管子装好后，女孩们开始在管子的两端迅速填装塑料球；球消失在管道中间；每个女孩都练习了双手的灵活性以及眼-手协调能力，她们一只手握着管子，另一只手捡球，并把球放进管子里。

（五）增强艺术表现力

富有表现力的艺术可以在轨道墙和斜坡结构的三维设计中看到。线条是艺术中最基本的视觉元素，在轨迹构图中尤为突出。儿童看到线条有不同的维度：大小、方向、长度、宽度。安装在墙上的水槽有水平的、垂直的或对角的（方向）。轨迹线可长可短

（长度），例如，木板被切割成60厘米、90厘米、120厘米和180厘米的长度。橡胶底座的轨迹可以是直的，也可以是弯的，甚至可以是扭曲的。线有粗细之分，如粗粗的PVC管或细细的轻型凹槽。

三、基本组成部分：轨迹区需要什么

空间位置

可以在建构区、玩沙区和玩水区添加可以呈现运动轨迹的各种材料。例如，儿童可以用水桶、铲子来倒沙。沟渠系统、漏斗、水泵和玩水区的透明管道可以让儿童直观地看到水的流动。各种管子形成斜坡，使球和汽车可以移动下来。教师可以在不同的户外空间放置简单的装置，如钟摆和滑轮。当悬挂在绳索等支撑物上时，钟摆可以自由运动，秋千也是一个很好的例子。滑轮可以将物品吊到平台上，或者将装在桶里的工具送到建构区。如果要做滑轮，那么教师可以在水桶的把手上系一根长绳子，把绳子套在一根结实的树枝上，将绳子的另一端固定在地面的某物上，如树的底部，这样就做好了一个简易的滑轮。

在这个家庭托儿所的游戏场上，轨迹区以前并不存在。仓库旁边的区域是未被使用的游戏空间。储藏棚的一侧成了创设轨道墙的完美空间。管道斜槽被小心地放置在棚墙上，以对角线的倾斜方式固定在适当的高度，以便儿童能够在这里游戏。如果需要，左侧的树干也可以提供帮助。管道斜槽的安装有合适的倾斜度，使球平稳地滚下而不会停顿或中途掉落。球被存放在轨道墙底部的容器中。

轨迹区改造之前

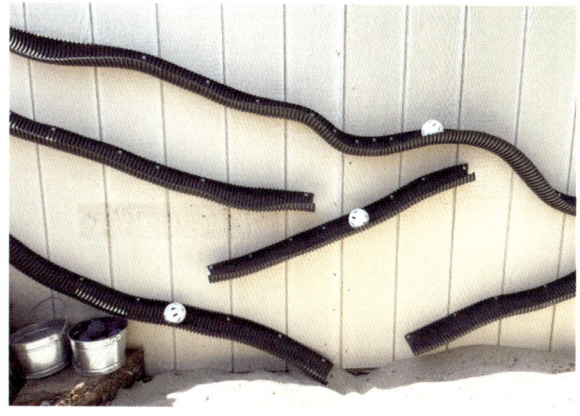

轨迹区改造之后

> **设计轨迹区的小贴士**
> 1. 以适当的斜度、多重落差和高度将管道斜槽固定在围栏上。
> 2. 如果需要更高的高度,那么可以放置一个板条箱、脚凳或树干。
> 3. 可以使用可移动的坡道,如管道和木板,允许儿童控制轨道的设计、建造和实验。
> 4. 坡道支架为创建坡度提供了高度。
> 5. 使存放在容器中的球易于拿取,并保持游戏空间井然有序。

丰富轨迹区

小小工程师喜欢在为修补活动而设计的空间里探索材料。思考哪些物品可以作为斜坡和底座,哪些物品可以用于支撑底座以及滚动或倾倒。其中,还包括非标准圆的松散材料,如松果或餐巾纸环,因为这些物品将给儿童提供兴趣和机会来比较旋转和速度。各种斜坡样式和不同材质的球为儿童提供了更多的机会来探索力和运动,比较并了解每个对象的属性。大多数坡道是不易弯曲的,设计工作涉及直线、平坦的线条。波纹排水管和橡胶底座等坡道是灵活的,允许儿童用来制造环路、山丘和山谷轨道,拓展整个院子里的轨道空间。当水流通过水闸时,竹管和斜槽形成了一面精美的轨道墙。让色彩鲜艳的水从排水管中流下,为轨迹空间添加视觉趣味。放置在水槽或排水沟中的石头在潮湿时闪闪发光,为水流增添了一种美丽的自然元素。在艺术区,可以设置喷绘艺术活动(在纸上喷洒彩色的水),让水在从纸上流下时呈现出美丽的图案。

四、工具和材料

斜坡	黑色波纹排水管、黑色 PVC 管、纸板凹模、地毯膜管、透明 PVC 管、凹模(30 厘米、60 厘米、90 厘米、120 厘米)、橡胶模具、硬纸板、乙烯基雨水槽、白色 PVC 管、木坡道
支撑斜坡的底座	桶、巨石、混凝土块、板条箱、迷你沙袋、迷你锯木架、托盘、树干、带销钉的木框架、带绳子的木框架、木质卷轴
滚动的物品	各种类型的球(塑料空心球、手球、塑料棒球、海洋球和木球)、罐头环、呼啦圈、枫树圈、餐巾环、松果、线轴、石头、轮胎、原木块、车轮
倾倒的物品	泥土、砾石、沙子、水

木框架与绳子
允许水槽具有
不同的倾斜度

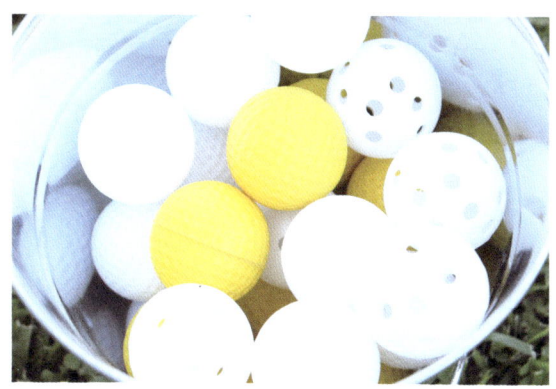

存储和整理

轨迹区的材料需要存储在其所在的游戏区。板条箱适用于盛放较大的物品，镀锌或铁丝容器适用于盛放较小的滚动物品。将材料进行归类，以便将它们放置在合适的容器中。壁挂式容器或桶可以很好地被存储在轨道墙上。将容器固定在垂直面上，将桶挂在栅栏上或将容器放置在墙脚。

清洁和维护空间

轨迹空间不需要太多的维护，因为排水管和雨水槽等材料就是为户外设计的。检查垂直安装的滑道的稳定性，在必要时将它们固定好。确保松动的排水管和管道没有破损或锋利的边缘，及时修复或更换损坏的部件。轨迹球似乎会出现在奇怪的地方，所以，当你在操场上行走的时候，你可能会发现遗失的球。教师需要及时补充轨迹区的球，因为它们会变少。寻找不同重量、纹理和大小的球，将它们添加到游戏空间中。

五、额外维度

要创建一个带有管道的轨道墙，教师可以在五金店购买黑色波纹排水管（0.1 米 ×15 米）。用带锯把管子纵向切成两半。如果你没有带锯，那么你可以向有带锯的家长或邻居寻求帮助，你将会得到两个 15 米的管道。沿对角线方向将一段较长的管道安装在支架或栅栏上。确保儿童能够在滑道的最高点放置球，或者放置一个板条箱，矮一点的儿童可以站在上面。用螺丝钉固定管道的上边缘，每 2 厘米固定一次。如果要在铁丝网围栏上安装管道，那么你需要在管道边缘打洞，并使用束线带将管道固定在围栏上。在这一管道的上方和下方添加管道，创建垂直的管道。可以用剪刀将管子剪成所需的长度。球应以适当的速度平稳地滚下管道，而不会暂停或脱落。如果坡度太陡，那么球就会从管道上弹出来。如果管道没有足够的倾斜度，那么球就会被卡住。因此，在放置管道的时候要先测试它们，并且必须正确地排列好它们。管道尽量由两个人一起安装，这样一个人可以在测试时将管道固定在适当的位置，另一个人则负责将管道调高或调低，不过这都取决于你的研究。用你的聪明才智添加多个滑道，这样球就可以从不同的方向以

不同的方式下落。你也可以用乙烯基雨水槽制作轨道墙。使用与固定排水管相同的方法将雨水槽固定在垂直面上。

支持公平学习

◆ 为运动技能不强的儿童创设简单、平缓的斜坡，让他们把物体滚下来。

◆ 提供多种倾斜物、底座、球等材料，供儿童操作和探索。

◆ 提供多种松散材料，以调动儿童的感官。

◆ 提供不同高度的坡道，让所有儿童都可以游戏。

◆ 多样的轨道为不确定的儿童提供灵感。

◆ 鼓励男孩和女孩都去尝试。

在弯头管上切割的大孔,创造了额外的开口,方便球以不同的高度和角度进入。这可以让婴儿和学步儿成功地把球放在他们能够到的管道中,并看着球滚动

斜搭在酒架上的亚克力画架可以让水流下来

里斯被瀑布般的水流轨迹迷住了

强力磁铁把排水管固定在这面自制的轨道墙上,孩子们可以根据需要决定管道的倾斜度

六、创设婴幼儿轨迹区的一些想法

婴儿用眼睛追踪运动的物品,并伸手去抓物品。不久后,他们开始丢弃物品,发现因果关系。学步儿喜欢扔东西并观察它们的轨迹。以下是一些关于松散材料的想法,有助于支持婴幼儿对轨迹的迷恋。

- 将大纽扣、罐头环、餐巾环或木质衣夹插入一个木质纸巾盒盖中。
- 将金属或木质的环套在卷纸筒和手表托架上。
- 让毡球从透明的管或纸板管中滚动下来。
- 自握式卷发器、塑料管或用于从倾斜的砂光木板上滚下来的球。
- 可以扔进金属桶的几段五金链。
- 可以扔的软东西:发圈、软编织球、毛毡球、浴球。

第八章 轨迹区 135

第九章
大型运动区

埃弗里特的大肌肉力量令人印象深刻，因为他能够扶着一根大树干支撑着自己站起来。10个月大的时候，他就可以自己轻松地爬起来，不再向后倒。他现在已经足够强壮，可以在不平坦的地面上绕着树干移动，并且可以弯下腰去抓一块树皮。他用手探索着树皮的纹理，然后用树皮敲打树干。我想知道他是不是在试图用树皮做标记，就像以前他花时间用大块粉笔在石板上做记号一样。当格雷森（12个月）爬过了埃弗里特后面的一块大浮木时，他获得了驾驭环境的信心。敏捷性和运动规划技能的发展，使他能够跨坐在原木上，同时伸展双手和双脚来稳定自己。两个男孩都学会了通过抓住一根原木来让自己站起来。现在，他们正在通过测试自己的平衡感和力量感获得信心。当他们利用这些大原木进行游戏时，他们的身体力量也得到了加强。巨大的自然物体提供了独特的看不见的挑战，是婴幼儿绝佳的大型运动区域，这不需要任何固定的设备。

一、大型运动区的作用

大型运动区是儿童以各种方式接触轮胎、板条箱、长木板和梯子的空间。儿童使用大肌肉运动技能来排列、堆叠、滚动、攀爬、建构、平衡、隐藏和跳跃。附带有轮胎和木板等可移动物品的户外游戏场地，使儿童在游戏中表现得更加兴奋和灵活。轮胎是具有最多功能、最经济、最耐用以及最容易获得的松散材料之一。儿童每天都可以建造、解构和重组轮胎与木板，使其变成越来越复杂的具有挑战性的配置。轮胎和长木板是儿童攀爬结构的最佳替代品之一。固定的游戏场地设备安装起来很昂贵，而且是为特定的运动任务（如攀爬和滑行）设计的。一旦儿童掌握了技能，随着时间的推移，它们往往就会被忽略。除此之外，固定的游戏场地设备的结构是永久的、不变的，玩法有限。但是大型的松散材料，包括轮胎、板条箱、长木板和梯子，都是可移动的万能的组件，可以让儿童改变和创设自己的环境。

> **图式学习**
> 搬运：搬运和移动木板、梯子与板条箱。
> 变换：使用大型松散材料建造障碍赛道和各种结构。
> 轨迹：将轮胎滚下小山坡，从木板、轮胎和板条箱上跳下。
> 旋转：滚动轮胎和大型木质线轴。
> 围合/包裹：用大型松散材料创造封闭的空间，坐在轮胎或板条箱里。
> 连接/断开：搭建桥梁和通道，从障碍路线的一边走到另一边；把材料分开。

二、大型运动区促进学习

（一）促进社会与情感能力发展

在大型运动区，玩大型松散材料可以培养儿童的独立性、最佳抗风险能力、冒险能力和创造力。这种开放式的游戏也有利于培养儿童的适应力。当儿童获得自由、信任和尊重，并能够自己解决问题时，他们就能够自动学会如何与他人合作。当儿童合作建构、改建和加大障碍赛的挑战难度，并与玩伴协商分歧时，其社交能力就会得到提升。儿童可以学习如何在不需要成人的情况下独立掌控和解决问题。有一天，德鲁、扎卡里和亚里克莎合作使用木板和轮胎。他们滚动和抬高轮胎，形成两层，在共同努力下，四个轮胎全部被放置到位。接下来，儿童在轮胎之间放置了一块木板以方便跨越。不过，亚里克莎想要在桥的两端设置坡道以便上下桥，但扎卡里想要直接跳下去。通过协商，他们最终决定只在桥的一端设置坡道。

儿童从掌握身体技能（如爬上木板或从板条箱上跳下来）中获得情感上的满足。这种快乐体现在他们坚持不懈地通过反复尝试来掌握一项任务，以及他们完成任务后的喜悦。

谢丽老师在两个板条箱之间放置了一块宽木板，架起了一座桥。在木板的一端，另一块木板斜靠在板条箱上，这块木板的一端超过板条箱，另一端延伸至地面。在顺利走过了桥后，2岁的马里亚诺把脚放在倾斜的木板上。他的压力使木板的另一端翘到了空中。他迅速移开脚，让木板落下来，然后又小心翼翼地将双脚踩在木板上。当马里亚诺迅速地从斜坡上下来时，木板再次翘起，但是又突然向下移动。当双脚触地时，马里亚诺露出微笑，急忙重复动作。完成这样一个冒险的动作，增强了马里亚诺对自己的运动能力的信心。当意想不到的事情发生时，尝试一些让人感到害怕或困难的事情并坚持下去，有助于儿童培养克服未来压力的心理韧性。

（二）提高语言沟通能力

随着儿童使用描述性的词语表达他们的行为和立场，以此来满足他们的需求，交换信息并获得社会亲密感，他们的语言和沟通能力在大型运动区得到增强。例如，阿里、玛莉萨和亚里克莎描述了他们在用三个迷你锯木架支撑起的长木板上行走时保持平衡的动作和姿势。阿里指着靠在木箱上的一块木板，说："我这样站起来，可以避开熔岩。"玛莉萨惊叫道："看我！看！我在世界之巅！""当我在这里的时候，我可以看到栅栏那边！"德鲁则表达了他想让别人追赶他和塞巴斯蒂安的愿望，因为他们在以蜿蜒的方式放置的轮胎上面奔跑，同时他喊道："快来抓我们！"萨尔瓦多在弯腰爬过木板之前，将一只恐龙递给贝尔纳黛特，表明他的需要："拿着。"当儿童在一个由迷你锯木架支撑的倾斜木板组成的障碍训练场上爬上爬下时，他们喊出了指令："不要从那条路下去。"有人警告德鲁，说："小心，德鲁！这块木板是摇晃的。"

马里亚诺、扎卡里和阿里谈论他们的共同目标：垒高一堆沉重的汽车轮胎。扎卡里把一个轮胎滚到轮胎堆旁边，然后喊道："嘿，我这里需要帮助。"他开始把它抬起来。阿里回答说："我来帮你，我们可以一起努力。"在相互交谈的过程中，三名小朋友也变得越来越亲近。

在大型运动区游戏中，包容性的语言和对话得到拓展。

当查理、戴安娜和亚里克莎奔跑着越过铺在地上的靠垫时，他们的语言表现出极高的包容性。查理说："我们出发吧。"然后，他们开始在铺成一排的八个靠垫上跑来跑去。接着，亚里克莎说："我们是青蛙，戴安娜、查理，让我们像青蛙一样跳跃吧。"她们欢快地跳过靠垫，发出"呱呱"的声音。三名儿童一边交谈，一边把一块长木板从建构区搬到树皮区。他们互相倾听，并做出适当的反应（"我们需要把它举高一点""好的，我知道了"）。当2岁的贝尔纳黛特走过来时，查理邀请她加入，说："你可以帮助我们。"晚些时候，查理描述了他们如何一起工作——扛木板，在两个木箱之间搭建桥梁。"我们用木板搭了一座桥，费了很大的劲才把它抬起来，它真的很重，但我们做到了。"

塞巴斯蒂安和德鲁按照指示穿越障碍物，贝尔纳黛特按照查理的指示抓住了一块木板，他们展现了接受性语言。德鲁用富有表现力的语言告诉他的朋友们如何进行障碍赛，"你从这里上去，然后跨过去。你可以从这里跳下去，也可以在这里继续向后走，不过像我这样倒退着走是很难的。"德鲁在回忆步骤时使用了顺序性语言和空间性语言，他在使用"上"和"下"这些词时展现了空间语言。

（三）提高认知能力

用木板、板条箱和轮胎搭建攀爬结构需要孩子们具有解决问题和理解因果关系的能力：估计两个轮胎放置的间距以使木板可以跨越空隙，找到平衡木板的方法，发现到达障碍训练场另一边的不同路线。儿童通过使用他们的视觉、听觉、触觉和动觉进行反复试验来获取知识。儿童并不知道木板需要足够安全才能使他们走过，除非他们亲身体验过稳定和不稳定的木板表面。当马克开始爬上一块悬挂在两棵树干之间的木板时，木板会摇晃。他从木板上爬下来，调整它的位置，使之处于树干的中心位置。到位后，马克爬起来，越过木板。后来在小组会议的时候，儿童观看了这次玩建构游戏的视频。马克的老师问他在游戏时为什么要移动木板。他看着教师，说："因为我要掉下去了。"教师询问马克搬木板的原因，想要借此引出他更多的问题思考过程。马克反复说因为他要掉下去了。马克可能无法清晰地表达重力、力、稳定性和平衡等科学概念，但他能感知周围的环境，并利用过去的反馈和经验，稳住摇摇晃晃的木板。他能找到应对挑战和挫折的办法，并理解其中的因果关系。

每天，谢丽的家庭托儿所的草地上都挤满了正在用大型材料搭建的儿童。一堆轮胎、板条箱和木板让儿童能够掌控自己的想法。当儿童搬运和放置长木板及轮胎时，他们获得了测量的概念（长度、宽度和重量）。他们在搬运木板的过程中了解到垂直的概念，在将木板放在板条箱上时了解到水平的概念，在将木板斜靠在轮胎上时了解到对角线的概念。扎卡里在一排放在地上的轮胎间跳进跳出时，学会了一一对应的关系。当儿童把他们对空间关系的理解运用到建造和穿越障碍物的过程中时，早期的几何学概念就显现出来了。当亚里克莎和戴安娜利用梯子搭建的空间来回进出时，她们能够学习空间概念；在爬坡时，她们能够学习方向概念；在由近到远的障碍赛中，她们能够学习距离概念；当用木板铺满开放的游戏区时，她们对条理和模式的认识得到了进一步增强。

（四）提高身体运动能力

儿童天生就是活泼、好奇的运动者。他们动得越多，对自己在空间中的身体了解得就越多。在大型运动区的游戏中，儿童可以发展行走、跳跃、攀爬和平衡等基本运动能力。当萨拉做着不同的姿势，利用自身的平衡感从木板和斜坡上走过时，我们可以看到她感知运动技能的发展情况。在木板上行走，可以发展动态平衡感以及提高视觉运动技能。动态平衡感是指个体在空间中移动时预见平衡变化并做出反应的能力。用轮胎、板条箱和木板建造的结构比固定结构更灵活，需要儿童运用更高级的平衡能力。大型运动区游戏还有利于增强儿童对方向性和横向性的理解，例如：托马斯在障碍跑道上向上、向下、向前和向后移动；萨米按照顺时针的方向绕着一个轮胎的边缘走；贾克森在一块斜板上走，并从支撑斜板的轮胎上跳了下来。每天他都挑战自己从更高的位置上跳下来。

推、拉、移动和放置重型轮胎都需要肌肉力量。将轮胎滚上、滚下是对儿童体能的挑战。例如，扎卡里发现，让轮胎滚上坡比在平地上滚轮胎需要更大的力量。儿童通过在迷你锯木架和树桩之间放置一块宽木板来建造一座桥。萨尔瓦多正在挑战自己，他借助锯木架爬到了木板上，然后沿着木板爬行。在另一个空间里，亚里克莎也在挑战自己，她爬上两个叠放在一起的轮胎，走过一块木板，从另一端两个叠放在一起的轮胎上跳下来。当她平稳地落到草地上时，她骄傲地笑了。萨尔瓦多和亚里克莎通过在障碍赛中移动身体，发展了空间意识。在大型运动区增加的短梯子，需要儿童具备更高水平的物理控制能力。尼古拉斯正在假装自己是一只小狗，在走路时将手和脚都放在地上的水平梯子的梯级上。

（五）增强艺术表现力

宽敞的空间、没有限制的时间和丰富的开放性原材料，激励儿童进行创造性的游戏。例如，当马里亚诺骑坐在一个垂直嵌在另一个轮胎里的轮胎上时，他的嘴里发出"轰轰轰"的声音，他正在假装骑摩托车。有些时候，他又在这个简单的建构物上假装策马奔驰或开着赛车前进。大型运动区里的松散材料在谢丽老师的组织下变成了城堡、房子和飞船。游戏空间里有一棵大家心爱的树死了，且被砍掉了，留下来的树桩却成了儿童想象力游戏的一部分。儿童将树桩假装成一个游戏平台，然后假扮成超级英雄和老鹰从上面跳下来。查理和亚里克莎在板条箱上巧妙地放置了一块木板，为重演故事《三只比利羊》搭建了一座桥。后来，轮胎和木板又被孩子们变成了海盗船。

三、基本组成部分：大型运动区需要什么

空间位置

宽敞的空间是必要的，因为儿童将建造障碍训练场和大型建筑。草地或游戏场地的树皮是该区域的良好地面选材。将游戏区设置在栅栏或建筑物旁边会更加方便放置物品，因为轮胎和木板可以斜靠在垂直的表面上。

大型运动区可以包括一座灰色的塑料攀岩城堡、一个轮胎、一艘装有几个大球的独木舟以及用来做凳子的木桩。儿童在这个游戏空间里更倾向于奔跑，且缺乏持续参与的热情。

现有的空间足够大，可以建造障碍训练场，并且有树皮这样很好的地面覆盖物。我们用更丰富、更开放的材料取代了攀岩城堡和独木舟，这样可以增强儿童的冒险性和参与性。轮胎、木板、迷你蹦床和大原木也被添加到木桩凳上。

大型运动区改造之前

大型运动区改造之后

设计大型运动区的小贴士

1. 确保有宽敞的空间来创设障碍训练场。
2. 草或树皮是很好的地面材料。
3. 轮胎可以自由拿取。
4. 将轮胎和木板靠在栅栏上，以方便拿取。
5. 板条箱、轮胎和大原木可以作为基础支撑。
6. 梯子和木板增加了冒险性因素。

丰富大型运动区

与其在攀爬结构周围设计一个大型运动区,不如用轮胎和木板作为该区域的核心来丰富空间。这些大型松散材料能够出乎你的意料,提供一个可以增强身体灵活性且具有挑战性的环境。每天,儿童都可以以熟悉或令人兴奋的方式将这些松散材料组合起来。接触这些材料,为儿童提供了应对挑战和适宜风险的多种机会。添加不同种类树木的大树干(如红木、桉树、橡树和棕榈树的树干,它们具有不同的颜色和纹理),可以使该区域更加美观。

四、工具和材料

轮胎:在任何一家轮胎维修和服务商店都可以免费获得各种尺寸的回收轮胎。考虑为年龄较小的儿童准备轿车轮胎,为需要更多的体能挑战的大一点的儿童准备轻型卡车轮胎。一定要仔细检查轮胎,以确保没有暴露的钢带(易带有突出物或具有割破的危险)。用洗洁精和磨砂刷彻底清洗轮胎,以清除其表面的油渍和路油,然后将轮胎冲洗干净,再让儿童使用。为游戏而重复使用轮胎,不仅有助于减轻过度拥挤的垃圾填埋场的压力,还能教会儿童回收和再利用废弃物品。

木板:0.3米宽、2~2.5米长的实木木板可以让儿童搭建平衡木、桥梁和大型障碍训练场。同时,它们足够坚固,儿童可以站在上面行走。更窄的木板(如8~10厘米宽)则会增加对儿童平衡能力的挑战。

桶	迷你锯木架	可用来跳跃的平台或坚固的箱子
长凳	托盘	木质电缆盘
大卵石	迷你梯子	轮胎(汽车和卡车)
波纹排水管(10厘米宽)	原木	树干

木板或步行板(窄木板:15厘米×300厘米、宽木板:30厘米×250厘米)

轮胎或许可以从轮胎店免费获得

第九章 大型运动区　145

可以从五金店买到波纹排水管（0.1米×15米），将其切割成所需长度。它很轻、灵活且耐用，可以成为大型运动区里非常有用的松散材料

存储和整理

在大型运动区存储材料是一个有关存取和整理的问题。沿着游戏区的边缘放置材料，让儿童能够独立地取还材料。将长木板平稳地靠在栅栏或墙上，将轮胎倾斜地放在防水的垂直表面上。记住，儿童喜欢搬运，将大型材料搬运到大型运动区对儿童来说是一个非常有趣的挑战。留在草地上的材料会伤害草坪，因此，在游戏结束的时候记得把草地上的材料存放在别处。

清洁和维护空间

注意轮胎中不要有积水、碎屑或昆虫。存储不当的轮胎会成为蚊子的滋生地,因此,轮胎内部必须保持干燥。在一天结束后,要把轮胎移到干燥的地方,远离洒水系统。在雨季,将轮胎垂直存放,用防水布盖好。不要将有覆盖物的轮胎水平放置,因为水会在轮胎中心聚集,压下防水布。用防水布覆盖轮胎,比清除积水要省力得多。也可以在轮胎上钻些排水孔,不过这很难做到,而且如果轮胎存储得当,也没有必要这么做。在户外环境中放置轮胎的教育工作者报告说,蜘蛛和其他昆虫很少在经常使用的轮胎上栖息。如果轮胎有一段时间没有使用,或者你有所顾虑,那么可以在使用前刷一刷轮胎的内层。定期检查木板是否有碎片和明显的开裂迹象。考虑每年更换 1~2 块木板,作为定期维护的一部分。木板可以在没有任何保护的情况下在户外坚持数年,当然,这也取决于当地的天气情况。

健康问题和重复使用的轮胎

我经常被问道,在操场上使用轮胎是否安全?轮胎的制造过程和成分中涉及有害化学物质,因此,随着时间的推移,由于经常与儿童的手接触或在炎热的天气中,由橡胶制成的轮胎可能会释放出少量有害的化学物质,这是合乎逻辑的。关于轮胎在垃圾填埋场中的影响以及用作运动场填充物的回收轮胎碎屑的研究已经存在。美国环境保护署(U.S. Environmental Protection Agency,EPA)于 2019 年发布的一份关于轮胎碎屑的特性的研究报告指出:"总的来说,该报告的发现支持这样一个前提,即虽然化学物质如预期般存在于轮胎的橡胶屑中,但根据释放到空气或模拟生物液体中的化学物质,人体接触到的轮胎中的化学物质似乎是有限的。"(2019)但我的立场是,橡胶碎屑不应该被放在儿童容易接触到的地方，并且在垃圾填埋场中被丢弃的轮胎或破碎的轮胎产品与在游戏场地中使用的轮胎处于完全不同的情况。我听过很多关于轮胎对儿童有害的故事，但是这些信息似乎是基于道听途说，而不是可靠的研究。美国消费品安全委员会的《公共游乐场安全手册》（*Public Playground Safety Handbook*）将汽车轮胎确定为合适的游戏设备，并指出轮胎比不易弯曲的攀爬设备对儿童的平衡能力要求更高（2015）。建议你自己进行研究，并确定轮胎是否适合作为游戏材料。

安全、危害和风险

当儿童在有固定玩法的游戏设备上不知所措或试图开展更高难度的游戏活动但自身能力还不足时，就容易发生意外事故。此外，当儿童的能力超过有固定玩法的设备提供的挑战时，他们会尝试冒险性游戏，例如站在秋千上、从秋千上跳下来或爬到管状滑梯的外面（Sawyers，1994）。相对于有固定玩法的设备来说，松散材料是一种较好的安全选择。当儿童掌握设计和更换轮胎、木板、线轴等松散材料的控制权时，他们的冒险能力会逐渐提高，这些松散材料为儿童提供了具有多样性、灵活性、新颖性和适应性的选择。

危险是潜在的危害来源。它们是儿童看不到或无法预期以避免的（Almon，2013）。保护儿童免受危险是教育者的责任。教育者可以通过做以下事情来减少大型运动区的危险。

- 定期检查该区域是否有危险并清除它们。例如：在游戏区中间意外暴露的树根可能会绊倒儿童，破碎的玻璃等危险物品可能会割伤儿童。
- 制订维修计划，更换磨损的松动材料。
- 仔细监督儿童的游戏。

冒险是令人激动的和兴奋的。它包含不确定性和意外的伤害。根据桑德塞特（Sandseter，2007）的研究，大多数户外冒险性游戏分为六类：高处游戏、高速度游戏、使用有害工具的游戏、靠近危险元素（如火或陡峭的悬崖）的游戏、混战游戏以及易导致儿童失踪或迷路的游戏。冒险会因环境和个人的价值观、经历和舒适度而有所不同。感知到的风险和实际的风险并不总是相同的。当你监督儿童的游戏时，要先评估这个游戏所蕴含的风险。记住，冒险是生活的自然组成部分，对儿童的发展有一定的益处。教育工作者可以通过采取以下措施来支持大型运动区中的合理冒险。

- 提供可以自由操控的非结构化的、坚固的游戏材料（松散材料）。

- 相信儿童能够识别和评估挑战，选择不危险的行动。密切监视游戏，以确定何时需要干预。
- 增加冒险的机会。
- 让儿童参与更具挑战性的游戏。
- 不把儿童放在游戏设备上。如果儿童不能自己动手，他们就还没有做好迎接挑战的准备。
- 不提供湿、滑或过热的松散材料。

风险管理可能很复杂，但积极主动有助于预防伤害。网上和保险公司提供的风险效益评估可以帮助你在安全、冒险和挑战之间取得良好的平衡。

五、额外维度

迷你梯子为大型运动区增加了冒险和挑战。攀爬靠在轮胎上的梯子提供了与攀爬实心板不同的运动体验。在两个轮胎或板条箱之间的梯子上行走，需要运用平衡和视觉运动技能。1~1.2 米高、0.4 米宽的 2~4 级梯子可以用伐木场里的木材制成。梯级间距为 0.4 米。在互联网上可以找到可打印的建造梯子的模板图片。

支持公平学习

◆ 允许儿童独立使用设备（上下轮胎和木板）。不要协助他们使用超出自己能力范围的游戏设备。

◆ 强调运动的质量而不是速度。

◆ 根据需要调整障碍物，如调整木板来减少倾斜度或缩短障碍物之间的距离。

◆ 让儿童有时间不断地重新设计和改变松散材料，逐渐提高他们的冒险能力。

◆ 鼓励不同技能水平的儿童互相帮助，鼓励所有儿童积极参与。

奥布里老师的爸爸总是能给幼儿园带来美妙的发现，他的一个最妙的发现就是卡车轮胎

这个大土山可以通过多种方式攀登

小型坡道的设置是为了让婴幼儿更好地爬上去

大型松散材料为婴幼儿提供了每天构建具有挑战性的障碍的机会

六、创设婴幼儿大型运动区的一些想法

在户外的帆布篷布上放一条大毯子，把大型松散材料放在婴儿够不着的地方，以刺激其爬行和尝试。可以考虑添加餐巾环、木碗、硅胶三脚架环或拉伸绳。婴儿可以在大小不一的枕头上爬来爬去。大而光滑的木头非常适合婴儿学习自己站起来。另外，成人可以在毯子下面放一个结实的板条箱，从而帮助婴儿学习站立。

第十章
玩沙区

马弗里克（3岁）爬过树林边界进入高出地面的玩沙区。他花了很多时间在沙坑里混合沙子和水。奥布里老师把花园里水管的一头拉到路边，把另一头交给马弗里克，然后打开了水龙头，一股水流慢慢地从水管里流出来。马弗里克快速地将喷嘴端连接到埋在沙子里的垂直管道顶部的T形管接头中。当马弗里克将水注入中空管道的顶部，水从接头的末端流出时，该接头的功能得到了展示。他的任务是固定水管，以便他的双手可以自由挖掘。在坚持了几分钟没有成功后，他把软管推入垂直管道更深处以稳定它。水开始在管道底部聚集。马弗里克拿起一把结实的铲子开始挖掘。他的双手握着铁锹的把手，靠近铲刃。他紧紧地抓住铲柄，挖出一铁锹的干沙子。他再次用手臂的力量压住铁铲，同时将铁铲的铲刃插入沙子中。这一次，他把铁铲插入湿沙中。他继续挖，把沙子倒到一边，工作漫长而艰辛，但他不知疲倦。当他试图完成一项具有挑战性的任务时，他伸出的舌头是他高度集中和努力的证据。他在管道旁边挖了一条沟渠，长度与沙坑的宽度相同，把管道里的水引开。这是因为马弗里克心中有自己的游戏目标，还是挖掘的过程吸引了他？我们更倾向于前者，他似乎想要引导水的运动。通过玩沙区的游戏，他学会了如何面对问题。他有信心自己解决问题。

一、玩沙区的作用

没有什么能像沙子那样会给人带来非凡的触觉感受。无论是细沙、干燥的沙漠沙，还是湿的、可塑的游戏场地沙子或粗糙的河床沙，这些材料的易变性对儿童具有强烈的吸引力。对儿童来说，拥有一个能够支持他们与沙、土以及水等自然元素互动的环境至关重要。玩沙区是儿童挖掘隧道、沟渠，开凿、倾倒、制作沙堡和泥饼的空间。

婴儿通过抓、放、拍、滑、尝来探索沙子的特性。他们看着沙子从手指滑到地上，或者用脚踢沙子。填充、倾倒和搬运是学步儿最喜欢的活动。邓肯用一辆自卸卡车装满沙子，把它推到一个土堆上，然后倾倒。学龄前儿童在使用工具和执行自己的想法方面更加熟练。杰夫和凯特琳在修路，而谢里正在用松饼罐做纸杯蛋糕。摧毁沙地建筑和建造它们一样令人满足，甚至可能更令人满足。沙子是培养儿童的好奇心和想象力的理想媒介。

> **图式学习**
>
> 搬运：搬运桶等容器，推自卸卡车。
> 变换：混合水、沙或泥。
> 轨迹：倾倒沙子。
> 旋转：搅拌水和沙子。
> 包裹：把物品埋到沙子里。
> 连接／断开：捣毁沙堡。

二、玩沙区促进学习

（一）促进社会与情感能力发展

儿童通过计划、妥协、谈判和分享参与一个活跃的社交场景中，他们一起合作挖掘战壕，建造水坝、河流、道路和沙堡。计划正在被儿童讨论着。当儿童决定建造恐龙乐园而不是道路的时候，妥协就发生了。他们通过协商角色来决定谁要建造火山，谁要建造护城河。分享和更多的协商发生在儿童决定如何轮流用花园水管的水喷沙子的时候。儿童在功能性游戏中合作，如使用铲子填满水桶；通过建造墙壁、隧道和沟渠来进行建构游戏；通过制作和假装吃沙饼、松饼和蛋糕来进行表演游戏。有一天，亨伯托、乔治和爱德华多用大型金属冰勺在沙子上挖了一个深洞，然后把一个浴缸楔入空间。他们在往浴盆里填沙子的时候，大部分时间都在默默地工作。乔治用一块大河石把沙子压实，爱德华多则用铲子。男孩们偶尔会说几句话，但更多时候是专注于完成自己的工作。克拉丽斯和凯尔西被茂密的草丛、树干和河石组成的美丽的自然景观环绕着，她们坐在玩沙区旁边的一根原木上，脱下凉鞋，笑着把脚埋在温暖的沙子里。克拉丽斯尖叫道："一条河！"当花园水管里的水蔓延成一条宽而浅的小河时，这两名女孩开始冒险进入小河，开始挖掘，用湿透的沙子把水桶装满，然后又倾倒出来。威尔和克鲁兹加入了她们，他们一起不知疲倦地工作，铲出一个池塘。克拉丽斯在威尔的帮助下，将木板放在水坑上。孩子们轮流慢慢走过木板，并且互相提醒不要掉进下方的鳄鱼池。在炎热的夏日早晨中，随着感官游戏的进行，"小短吻鳄鱼们"继续前进。后来，孩子们又把兴趣转移到高高的沙堆上。每一铲沙子都被倒到越来越大的土堆上，然后用铲子背面拍打严实。孩子们正在制作一个巨大的生日蛋糕。凯尔西兴奋地宣布："这是最棒的一天！"

玩沙子等自然元素对儿童的情绪健康有利。通过有目的的、自主的游戏，儿童获得独立性、主动性、自信心和成就感。玩沙子是令儿童愉快的一件事，因为使用它的方法没有对错之分，总会给儿童带来兴奋感。孩子们可以在游戏中表达他们的情绪，而且无须用语言表达自己的想法。繁重的工作，涉及本体感觉系统的感觉输入，是儿童调节行为、释放能量和情绪的最佳方式。在玩沙区有很多做重活的机会：挖、拖、推和拉水桶、手推车及翻斗车里的重沙。埃弗里特是行动派。玩沙区为他提供了大量的空间和松散材料，让他能够通过行动来参与游戏。今天，他的重点是铺平一大堆沙子，他在使用耙子拉动和推动沙子时使用了巨大的力量。迪杰抓起一把耙子，开始默默地和埃弗里特一起把沙丘铺平。

（二）提高语言沟通能力

挖洞、填桶、做泥饼都是会涉及听说能力的社交活动。儿童发展描述性语言来表达沙子的特质（粗、细、湿、光滑、粗糙、松散、黏稠、块状）和玩沙的过程（筛、漏、抹平、舀、倒、拖、压平）。儿童使用比较语言来谈论沙具在大小、形状和功能上的异同，如亚伦描述他的桶有多重，并解释他需要更多的沙子，因为他想要建设一条长长的道路。在玩沙区的另一边，俞燕用大勺子舀沙子，一边看着沙子的轨迹，一边把沙子倒进锅里。"满了！"她喊道，这也显示出俞燕对"满"与"空"概念的理解。

孩子们用空间语言给他人提供指导或谈论他们的行为。例如，迈卡专注于做甜甜圈。他让亨利把一碗面糊放在托盘旁边。他用一个冰激凌勺将一堆堆湿沙子舀起并倒到托盘上，然后把一把沙子倒在面糊上面。他解释道："你在甜甜圈上撒糖（沙），然后把它们放进油锅里煎十分钟。"很多对话发生在儿童参与戏剧游戏场景和重演角色的时候。

儿童在玩沙游戏中交流他们的动作和其他人的动作。在做了一段时间的沙堡实验后，罗丝玛丽似乎已经完善了她的技术。她小心翼翼地在一个金属花盆里填满湿沙子，轻轻地拍了一下，然后迅速把它翻了过来。她用拳头在花盆底部使劲敲了一下，然后把花盆举起来，一个完美的沙堡露出来了。"你是怎么做到的？"玛利萨问。罗丝玛丽回答说："是这样的。"然后用顺叙的方式复述她的步骤。她很快就说明："沙子需要恰到好处，不能太干或太湿。"最后，她尤其强调了敲锅底的砰砰声，并说了声"嗒嗒！"。

（三）提高认知能力

在玩沙的过程中，儿童通过探索和比较干沙与湿沙来了解沙子的物理特性。例如，米莎发现，干沙子能够在她的手指间自由流动。然而，当她在水桶里把手弄湿，再碰到沙子时，沙子就粘在了她的湿手上。她抖了抖手，然后在衬衫上擦了擦，把沙子弄掉了。她把水倒在沙子上，发现沙子是可塑的。她把潮湿的沙子塑造成小而高的土堆，同时解决了高沙堆容易坍塌的问题。

在玩沙区投放坡道、排水沟、漏斗、筛子、橙色圆锥体和管道，让儿童探索运动和工程概念。例如，梅甘和捷迪将一条水槽倾斜地固定在一块大石头上。他们把干沙子倒进水槽里，看着沙子顺着斜坡流下来。捷迪把一个户外漏斗架拉过来，漏斗架上有三个不同大小的漏斗，他把它放在水槽的上方。他把沙子倒进最大的漏斗里，观察着沙子落到了水槽的一边，堆积在地上。他稍微调整了一下支架以让沙子流入水槽。孩子们在第一条水槽的基础上增加了第二条水槽，并用不同大小的漏斗进行实验。滑轮系统方便儿童将沙桶移过沙地地面或到达一个高的平台，操作这个简单的装置还能够强化儿童的STEM［科学（science）、技术（technology）、工程（engineering）、数学（mathematics）］技能。

儿童是玩沙区的自然科学家，因为他们使用与科学推理相同的技能：注意、质疑、预测、实验和讨论结果。当本杰明探索沙地上的印痕时，这种探究过程是显而易见的。本杰明注意到他可以在干沙子上留下手印，尽管印记不是很清楚。他想知道如何让手印更清晰。他探索湿沙和干燥的沙子，并发现在湿沙上，他能更清楚地看到自己的手印。本杰明的探索与研究让他得出结论：湿沙能更好地保存手印。他通过在湿沙中添加更多的水来拓展他的游戏。他在黏稠的混合物中留下了一个手印，然后惊讶地发现他的手印很快就消失了。接着，本杰明在中等湿度的沙子上摁了一个手印，似乎是为了验证他之前的发现。他微笑着，经验上的差异使他有必要重新进行调查和探索。

数学概念包括比较、形状、空间感，以及在使用沙子的自然体验中不断发展的测量技能。儿童在沙地上修的路有宽有窄，有长有短。沙子的负载有重有轻，一桶沙子有空有满。

各种容器让儿童能够探索三维形状（圆柱体、立方体和长方体）的属性。儿童将空间关系应用于沙地上的建构项目。例如，当贾克森在沙子中挖壕沟时，林肯正驾驶着一辆独轮车绕过一个轮胎，沿着贾克森的战壕行驶。这项工作增加了他们对如何在玩沙区定位和移动物体的理解。体积、重量和温度的初始测量概念自然是通过反复试验来学习的，就像孩子们用干沙和湿沙进行游戏一样。当鲁比把沙子舀到碗或锅里时，她对体积这一概念的理解就增强了。塞雷妮蒂发现湿沙比干沙重，多的沙比少的沙重。奎因把脚放进沙子里感受到了温度，最上面的一层沙子是温暖的，但再往下几厘米，沙子就凉多了。

（四）提高身体运动能力

玩沙游戏提高了儿童的大肌肉运动技能和小肌肉运动技能，增强了他们的空间意识和身体意识。在儿童推、拉、运、倒、铲、挖的过程中，沙子的重量可以增强大肌肉的力量。赤脚在沙子中行走可以增强儿童脚和腿的力量，提高敏捷性、平衡性和协调性，因为儿童需要适应不平稳的沙池地面。

当儿童使用沙具进行筛沙、挖沙和搅拌时，其小肌肉运动技能也会得到发展。丹妮拉蹲在玩沙区研究一块扁平的浮木，然后把它当作勺子将沙子舀起，再倒进桶里。之后，她用真正的勺子舀沙子，并对工具进行了比较，接着她调整了对勺柄的握持。通过这种感官游戏，丹妮拉正在使用小肌肉运动技能并通过触摸来识别物品。她正在发现沙子的特性、触感以及如何与沙子互动。

当儿童获得更强的运动控制能力和导航技能时，他们会表现出空间意识，比如把沙子舀进漏斗、寻找埋藏的岩石或尊重其他儿童的游戏空间。当儿童在沙地上跪下或蹲下并弯腰、扭动、转身、旋转和伸展四肢时，他们对身体的理解也会增加。

（五）增强艺术表现力

随着儿童反复体验沙子，他们的想象力和创造力蓬勃发展。沙子的可塑性让儿童可以尝试自己的想法，破坏作品，然后重新开始，重点在于创造的过程而不是制造产品。沙子可以用来展现视觉艺术，包括绘画、雕刻、设计和进行富有想象力的游戏。儿童用手指、棍棒、有缺口的板子、刷子和梳子在沙子上画画。临时画的东西可以用手擦掉或用水冲洗掉。儿童用潮湿的沙子填满容器，倒置，并把容器移开，以此来制作雕塑。使用不同形状和大小的容器，通过手工雕刻创造出抽象的或逼真的独特的雕塑。儿童使用自然材料，通过精美的设计来装饰沙子作品。例如，埃默森和里斯用棍子、橡子、桉树豆荚、树叶和贝壳来装饰他们的沙饼、馅饼和纸杯蛋糕。今天，他们将小贝壳覆盖在一堆沙子上，并在它的底部摆放了一排石头，然后把一根棍子作为蜡烛插在沙堆的顶部。它是里斯的弟弟卢克的生日蛋糕，他即将满一岁。在玩沙区，许多富有想象力的游戏围绕着烹饪展开，儿童模仿家庭成员制作熟悉的食物。对许多儿童来说，玩沙游戏是安全的、舒缓的，他们可以自由地发挥自己的想象力，做自己想做的任何事情。路易斯伸展四肢，趴在沙地上，他把自己的双手当作铲子以游泳的动作挖洞，沙子飞扬着。他抬起头，用手肘支撑着自己的身体，然后说："我是地鼠。"显然，他是在扮演在草地上挖洞的地鼠。

三、基本组成部分：玩沙区需要什么

空间位置

在考虑玩沙区的位置时，请寻找一个可以接触到阳光、树荫和水的偏僻空间。把玩沙区设置在院子里沿着围栏的后角区域会很好。角落可以提供保护，防止儿童从事剧烈的活动，如荡秋千、攀爬和骑自行车。如果玩沙区横跨院子，当儿童回教室时，大量的沙子就会从儿童的鞋子和衣服上掉下来，从而加重打扫的负担。

玩沙区最好一部分在阳光下，一部分在树荫下。太阳在冬天能够提供温暖，同时阳光有助于消灭沙子里的细菌。在炎热的夏天，遮阴是必要的。把伞、帆或遮阳布固定在栅栏或建筑物上并伸展到玩沙区上方是不错的选择。树木对于遮阴是很有帮助的，不过，飘落在沙子里的树叶可能会让环境变得凌乱。

附近有水源是可取的。玩干的沙子令人兴奋，但是水为游戏增加了更多的可能性。附近的户外水龙头允许儿童使用水管来控制他们的用水需求。另一种解决办法是提供带水龙头的加仑壶，供儿童独立取水。虽然把水加到沙子里可以丰富探索，但是让儿童了解水是一种需要我们尊重和保护的宝贵资源也非常重要。作为教育者，我们有责任帮助儿童掌握节水的理念，并教导他们为什么不能浪费水。让儿童参与讨论如何节约用水，鼓励他们提出在玩沙区减少用水的方法并倡导节约用水。在游戏场地安装一个雨水收集系统，让儿童监控并了解水是有限的并依赖季节性降雨。添加一个连接在浴缸上的手动泵。在一天开始的时候，将所需的水量注入盆中。儿童将需要小心谨慎地用水，使它能够在一天内持续供应。

大小

玩沙区需要非常大，以容纳多名儿童的多样游戏。可以为婴幼儿设计一个更小、更受保护的空间。建议 3 岁以下儿童的游戏面积为 1.5 平方米，年龄较大的儿童的游戏面积为 3.5 平方米。对于儿童数量较多的区域，7 米 × 7 米的面积是合适的，不过建议教师提供更大的面积。尽量把你认为儿童需要的面积扩大一倍，因为大多数人真的低估了它。

深度

沙子至少要有 0.5 米深，以便孩子们挖洞、壕沟和隧道。

区域建造

用耙子清除场地上的泥土和石块，然后根据需要平整场地。如果排水是一个问题，那么可以考虑在地面铺设一个 10~25 厘米厚的砾石层，同时在砾石上面或地面铺设重型杂草垫以防止植物生长。

边界

玩沙区需要明确的边界来容纳沙子。自然的边界带来温暖、美感和质感，有趣的空间可以用巨石、河石、树干和原木来设计。从一个计划开始，但是要让环境和自然元素来引导你。例如，树干的大小和形状将决定该区域的位置和大小。最好的设计往往会在建造过程中展开和变形。树干和原木还能够提供良好的休息空间。同时，要考虑儿童将如何进入这个区域。低边界，如河石或大的原木片，更容易让年龄较小的儿童进入，但他们可能会把沙子转移到邻近的地区。一座桥梁将是一个受欢迎的进入空间的通道。

类型

沙子的颜色、纹理和成分各不相同。建议仅选择天然河流、海滩或游戏场地的沙子，用于儿童的游戏场地。大型商店提供的游戏沙袋的优点是无须清洗、筛选，而且不含过敏原。然而，从景观供应商处批量购买的游戏沙通常更划算。避免使用建筑用沙，因为它很粗糙，同时，为了让沙子更好地与水泥混合，人们会在建筑用沙中添加很多化学用品。

玩沙区沿着围墙后方从最左边的树篱延伸到右边的混凝土露台。改造后的区域面积为6米×4米，现在这个区域可以容纳多台玩具挖掘机，并且以一座桥来引导儿童进入空间。不同高度的树干环绕着这个区域，营造出自然的外观，并将沙子围了起来。前方的河流和岩石增添了自然的美感。塑料沙具被金属桶、天然的鲍鱼、扇贝和椰子壳取代。

玩沙区改造之前（幼儿园的玩沙区被一个塑料边界界定，藏在院子的角落里，一次只能容纳几个孩子）　玩沙区改造之后

> **设计玩沙区的小贴士**
> 1. 用树干和河流岩石围成一个自然景观，同时容纳沙子。
> 2. 确保场地足够大，可以让几名儿童自由游戏。
> 3. 确保沙子足够深，儿童可以单纯地挖掘或挖隧道。
> 4. 提供铁桶、铁锹或天然的铲子（如鲍鱼、扇贝、椰子壳等）。
> 5. 使用大开口的篮子，便于儿童整理和看见篮子里的东西，并能够让沙子掉落。
> 6. 添加一个可供儿童进出游戏空间的通道，如一座桥。

丰富玩沙区

感官游戏桌、轮胎或大型种植箱中的沙子能够为儿童在户外区域提供不同的游戏可能性。这样的空间让儿童在进行感官探索时可以站着或跪着,其缺点是儿童无法选择大型的、活动身体的玩沙游戏。可用于沙盘的一个很好的材料是小的沙滩鹅卵石。墨西哥的沙滩鹅卵石被海浪打磨得很光滑,颜色从浅灰色、浅黄色到苔藓绿、木炭色和铁锈色。当用金属容器舀起和倾倒墨西哥的沙滩鹅卵石时,它们会发出美妙的声音。

四、工具和材料

在玩沙区,各种各样的开放性材料会影响游戏的类型。考虑用各种材料支持儿童对挖掘、倾倒、轨迹、改造、构建、假装和烹饪的兴趣。添加迷人的配件,将提供新的发现、挑战、参与和乐趣。

挖掘工具	勺子(金属)、铁锹、铲子、棍子、卡车、挖掘机、推土机
自然资源	树皮、椰子壳、大石头、扇贝壳、石头(小的和大的)、树干、木头
容器和建构工具	漏斗,排水管,金属桶(各种尺寸),松饼盒,馅饼盘,坡道,用于建造湖泊、河流和水坝的厚塑料板,筛子,锡罐,导管

木质古董框架被升级改造为沙子模具

用椰子壳、鲍鱼和扇贝壳代替塑料铲

存储和整理

数量有限的材料的使用效果会更好。太多的物品会增加视觉上的混乱，同时限制儿童的游戏。不用的材料不应该留在沙子里，但把材料一直放在外面可以节省时间和精力。沿着玩沙区周边摆放开放式货架，让儿童看到有什么可用的材料，并独立地获取和归还材料。沉重的板条箱或垃圾桶很适合用来装铲子、木板、水槽和管子。把铲子、铁锹和有把手的桶挂在栅栏或建筑物上的钩子上。板条箱或其他小型敞开式的容器可以用来放置厨房类器具，因为它们易于搬运，且容易让沙子漏出去，但要避免使用深的板条箱，因为它需要儿童翻箱倒柜才能找到自己想要的材料。

大开口的金属篮方便儿童查找材料，并有助于沙子掉落

清洁和维护空间

在每天游戏结束时必须遮盖玩沙区,以保护它不被附近的猫和其他动物发现。网状覆盖物可以实现自然清洁和通风,防虫网或遮光布是很好的选择,因为这两种材料都能让水和阳光渗透进去,又能防止树叶以及其他杂物落入沙子里。这两种材料都是耐用的、轻薄的网眼织物,并且教师可以买到不同的宽度和长度,根据所需,将其裁剪到合适的尺寸,与 PVC 管连接起来,以便简单地卷起来。在早晨,教师可以把它卷起来,并在一天结束时毫不费力地把它铺展出来。

另一个不错的覆盖物是乙烯基格子板,教师可以在五金店的花园区找到。格子板可以被切割成适合区域大小的形状。对于不规则的玩沙区,在沙子上放置格子板,用永久性记号笔在格子上画出边线,然后用锯子切割出形状,标注顶部和底部或左右,以便于放置。可以将格子板挂在篱笆上或在儿童使用玩沙区时移开。

防水布并不是玩沙区最好的遮盖选择,因为雨水或洒水器的水会在防水布顶部累积,这使得移去它成为一个挑战。此外,顶部水坑的积水会吸引蚊子,防水布下的湿沙子会滋生细菌。如果使用厚实的防水布,那么一定要确保让沙子彻底干燥后,再将其覆盖。

任何遮盖物都必须安装牢固。要确保整个玩沙区都得到保护，要用河石或其他重物压住覆盖物，使其他生物无法钻到下面。

需要定期耙平沙子，以清除结块、碎片和不需要的异物。将每次户外活动之前和之后的耙地作为日常工作的一部分，以保持沙子清洁、美观和具有可塑性。在有杂物或难以挖掘的沙子上游戏是不受儿童欢迎的。用花园耙子将沙子刮松、刮平整，并及时填满变浅的地方。教师大约一年要补充两次沙子，根据需要进行调整。定期用铲子将沙子挖深并翻过来，因为随着时间的推移，沙子会变得坚硬而紧凑，你会惊讶于沙子的体积是如何在工作后增加的。没有必要重新换一批新的沙子。

在沙子上滑倒可能是一个安全问题。在附近放一把扫帚以保持玩沙区周围的道路通畅，一个轻便的无绳吹叶机是清理路面上的沙子的不错选择。

五、额外维度

经过几个月的计划和准备，在加利福尼亚中部的一个儿童发展中心进行户外改造的工作日终于到来了。在抵达儿童发展中心时，迎接我们的是许多志愿者（教师、家长和家人朋友），但我并没有看到该中心有树干。我很担心，因为树干是两个不同的玩沙区的边界的主要元素，我没有第二计划。当我正在评估情况时，我听到一个热情友好的问候："莉萨老师，我是霍华德，我需要知道如何处理这些树干。"谢丽和我跟着霍华德到了街上，在一辆拖车里有两根我们见过的最大、最漂亮的树干。霍华德还希望知道他收集的树干好不好。"什么树干？"我问。他说："我一直存放在中心后面的那些。"谢丽和我迅速跑到儿童发展中心的后面，让我们惊讶的是，在一个放着垃圾桶的封闭区域后面，我们发现了80根树干。多么美好的一天！霍华德是儿童发展中心的朋友，他的职业就是砍伐和修剪树木。

树干和原木是增添自然美的最简单的方法之一，并且增添了游戏区的美学元素，但它们可能很难获得。与修剪树木的服务机构获得联系，并且让你的家人、邻居和朋友都知道你需要树干。所有种类的树干都很好，除了一些松树，因为松树多汁。将树干切割成45厘米长或更短，将其直接放在地面上即可，不需要增设另外的保护设备。不同的树桩高度增加了视觉吸引力。将树桩和原木固定在沙子、泥土或砾石等基地上，使其不至于摇晃。成人可以依次站在每个树桩上，以测试它的稳定性。树桩顶部表面可以覆盖一层透明的保护性密封胶，以延长使用时间，但这不是必要的。树桩需要定期更换，因为它们会腐烂。有时树桩上面会有孔洞，可以用来种植植物。

支持公平学习
- 认识到脏乱游戏对所有儿童的价值。
- 提供通往玩沙区的合适坡道，或其他形式，如高出地面的沙盘。
- 提供独立的湿沙区和干沙区，以适应儿童的喜好。
- 提供不同形状和大小的容器与挖掘工具，以适应儿童不同的抓握方式，便于儿童成功地使用工具。
- 为可能不愿接触沙子的儿童提供带把手的挖掘工具。
- 如果沙子的刺激性过强，那么可以用较重的材料（如小鹅卵石）代替。
- 注意那些不喜欢碰撞的儿童，他们需要更多的挖掘空间。

饲料槽被升级改造为沙盘

一个非常适合玩沙和存储的架子

六、创设婴幼儿玩沙区的一些想法

为婴幼儿提供对沙子及其属性进行的开放式探索的机会非常重要。玩沙游戏是婴儿和学步儿自主学习和探索的理想情境。玩沙游戏最适合活动自如的婴幼儿,即使是在成人的监督下,婴幼儿也会觉得在干沙中踢踏或将脚埋进沙子里很有趣。容器、铲子、鲍鱼或扇贝壳、大石头、打磨过的木板和光滑的木块都能促进探索。请考虑为婴幼儿提供一个小的、有沙子的区域,因为他们不像学龄前儿童的身体那样灵活。

第十一章
玩水区

玩水带来的感官愉悦吸引了亚里克莎（3岁）和戴安娜（3岁）的注意。她们穿着电影《冰雪奇缘》（Frozen）中艾莎公主的同款服装。戴安娜说："你知道的，艾莎不止一个。"显然，即使水没有结冰，"艾莎公主们"对水依然很着迷。当水沿着雨水槽流下，然后瀑布般流入集水槽时，"公主们"开始着迷于水的运动轨迹。戴安娜用一个蛋黄酱坛子大小的塑料容器装满水，然后将水倒进安装在中等高度的水槽里，她看着水从水槽边缘溢出来。亚里克莎把手放在喷涌的水流下，水溅到了她的小脸上，即便如此，她的注意力也没有分散。她非常认真地注视着水运动的轨迹。接着，她拿起了另一个容器，开始专注地与戴安娜一起倒水。女孩们将水反复倒入雨水槽，追踪水流，发现水以蛇形的方式向下流动，改变方向，最终流入底部的大浴缸中。倒水游戏在开始时进行得缓慢而有条理，随后节奏越来越快。戴安娜把胳膊抬得高高的，把水倒进了最上面的雨水槽里。不过她抬得不够高，水喷到了她身上，最后落入了中央的水槽里。她笑了，从水槽里舀出另一罐水，踮起脚尖调整自己的动作。水又一次落到地上，溅到了她的身上。她的策略改变了，她拉过来一个凳子。她爬到凳子上，轻松地把水倒进最上面的雨水槽里。女孩们往不同高度的雨水槽中倒水，反复试验她们对水流和运动的想法。在这次玩水活动中，亚里克莎和戴安娜成了工程师和科学家，其基本的思维技能也得到了积极发展，引导着她们不断了解周围的世界。

一、玩水区的作用

儿童可以从最简单的事物中获得最大的快乐。无论是在下雨天跳进水坑里,还是用花园水管喷水、在喷泉里戏水,抑或在浴缸里玩耍,儿童都喜欢水。水是游戏区必不可少的自然元素,可以提供数小时的令儿童着迷的游戏时间。儿童可以在户外厨房里做泥饼或洗碗,在混凝土小路上用水作画或在沙地里的水潭中漂浮浮木。一个特别设计的水域,表明探索水是一项重要的工作。有趣的材料与儿童好奇的天性相结合,使该区域成为一个可以让儿童以多种方式探索水、培养好奇心、增强对水的属性的理解的完美空间。

> **图式学习**
>
> 搬运:运水。
> 变换:在水中加入污垢、颜色、肥皂或冰块。
> 轨迹:将水倒入排水沟、管道或漏斗中。
> 旋转:观察水在水轮、打蛋器或钢丝搅拌器的运动中旋转。
> 围合/包裹:用水装满容器。
> 连接/断开:连接软管、管子、管道,或将它们拆开。

二、玩水区促进学习

(一)促进社会与情感能力发展

在玩水的过程中,儿童逐渐掌握了重要的社交技能,因为他们在一起游戏,协商,共享游戏空间、设备和配件。儿童从平行游戏(在同伴旁边游戏)逐渐过渡到合作游戏(与其他小朋友一起游戏)。例如,安德鲁将一个漏斗连接到一根透明的水管上,并将水管的另一端插入空的洗涤剂瓶中,然后他不断地把杯子里的水倒入漏斗中。站在玩水桌对面的是达娜,她正专注于装满和倒空容器。他们沉浸于平行游戏。几分钟后,达娜抬头看了安德鲁一眼,接着把容器里的水倒进了安德鲁的漏斗里,安德鲁咯咯地笑了,在达娜倒水时,他帮忙拿着漏斗,现在两个孩子正一起努力将瓶子灌满。儿童在团队中有效工作的能力,将在未来有助于他们成年后与他人合作以及进入劳动力市场。

当贾克森、萨姆和伊莱在一个有瀑布河床的玩水区一起游戏时,他们的社交能力得到了提高。作为一个团队,他们将水桶装满并把水倒入河床顶部的一个大容器中。然后,他们在瀑布河床的每一层上都放置了大石头。他们精力充沛地工作着,一起为小鱼铺好生长的河床。当伊莱正继续放岩石时,萨姆拔掉了水容器中的橡胶塞,让水顺着河床流下。贾克森喊道:"等等!鱼!"他将手放在河床的底部以阻止水流。伊莱迅速抓起一个大水桶,用它来接住水流。在第一个水桶被装满后,他又紧接着拿了第二个桶,然后是第三个、第四个和第五个桶。男孩们创建了一条流水线,把满桶的水搬到河床的顶部,把水倒进大容器里,循环往复,以保证玩具小鱼们有足够的水生存。

很少有活动能像玩水一样让人放松和治愈。当儿童的手指穿过水流,把水从瓶子里挤出来或通过浸没容器来装满水时,他们会放松和平静下来。诸如将水从一个容器倒入另一个容器里之类的简单动作,可以让儿童保持长时间的注意,并提高他们的自我调节能力。哈里坐在地上,手里拿着一罐水,他伸出来的两腿之间放着几个大塑料杯。他双手拿着水罐,把水倒进三个杯子里。他把水罐放下,用右手扶住一个杯子的杯沿,又用左手将另一个大开口的杯子里的水倒入这个杯子——大部分的水已经被倒进杯子里。当水溢出杯沿时,哈里仍然继续倒水。哈里专注于倒水和水运动的轨迹。他继续把水从水罐倒入杯子里,直到水罐空了,然后再把杯子里的水倒回水罐里,重新开始。玩水也是过度兴奋的儿童释放紧张情绪和能量的一种方式。泼水、拍水、从海绵中挤水或挤压瓶子都是儿童表达愤怒、烦躁或挫折的适当方式。

(二)提高语言沟通能力

当儿童探索水时,他们有机会学习和使用丰富的词汇。儿童会习得如何称呼玩水工具,如漏斗、筛子、打蛋器、滴管、搅拌器和大水罐。当儿童谈论容器的大小、形状、颜色,以及旋转、倾倒、流动、挤压、插入等动作时,其描述性语言会增多。例如,当卡米拉和阿里亚在玩水桌游戏时,他们谈到他们感觉今天的水是温暖的,但昨天水是冰凉的。阿里亚提道,当她举起手时,水是如何滴落的。卡米拉从高处扔下一块石头,并评论道"巨大的水花和涟漪"。女孩们用木棍在水中创造图案,向我们展现她如何创造出波浪、之字形和圆形的线条。扎卡里脸上挂着灿烂的笑容,他跑向女孩们,开心地说他的全身湿透了。玩水游戏还能够给予儿童练习和交流的机会,表达自己的想法与感受,发表社会评论,满足需求,促进和保持互动,并表达想法。戴安娜和萨尔瓦多将塑料青蛙、大石块和一大块浮木放到玩水桌上，重新创作了《五只绿色斑点蛙》(Five Green and Speckled Frogs)这首歌。戴安娜操纵着青蛙，萨尔瓦多唱着这首歌："一只绿色斑点蛙坐在空心的原木上，吃着最美味的（虫子），好吃好吃。它跳进池塘里，那里很凉爽，现在没有绿色斑点蛙了。"萨尔瓦多在唱这首歌时展示了口语表达能力，同时表现出一种内在的节奏感，以及对音高和语调的感知。

（三）提高认知能力

在儿童研究水的过程中，他们掌握了基本的科学思维过程。所有科学的核心都是观察。例如，朱卡斯、奥利和米娅在玩水桌上玩塑料挤压瓶。当奥利用力挤压瓶子时，一股水流从瓶中喷射而出，落在混凝土小路上，展现了一种独特的设计。朱卡斯和米娅笑着模仿奥利的动作。三人走到小路上，开始在路上画弯弯曲曲的波浪线。米娅喷出的水柱越过小路，落在沙地上。孩子们注意到水痕消失了。当孩子们确定地面上的水线可见还是消失了时，分类就发生了。迈克尔老师请孩子们描述他们观察到的现象和他们的想法，并让孩子们预测如果水洒在砾石上会发生什么。"我们去看看吧。"米娅喊道，孩子们跑去研究喷在泥土、树皮和教学楼上的水有什么不同。三人回到迈克尔老师面前，报告了他们的调查结果。他们的发现使他们对吸收和蒸发有了更多的了解。

迈卡在物品下沉和漂浮的实验中发现了浮力，而且很好奇为什么这么大的南瓜会浮起来。他不断地往下推南瓜，想把它淹没，但是南瓜又浮了上来。水墙、漏斗和透明的管道可以让儿童了解水是如何流动的，如何引导水流，以及如何阻止水流动。乔尔对往顶部雨水槽里倒水和看着水在水墙上来回奔流很着迷。他尝试让水流得更快、更慢或改变方向和停止。

当儿童在玩水区混合溶液，并实验水的不同状态——冰、液体和蒸汽时，玩水区就成了"化学家"的实验室。例如，黑兹尔将两杯分别为蓝色和黄色的水彩液体倒进一个大的容器中。她用手将两种颜色混合在一起，形成了一种新的颜色。梅森正在研究放在玩水桌上的一块冰。他在冰上撒盐，然后喷上液体水彩画，创造出了华丽的冰洞。

就像玩沙游戏一样，探索水可以培养儿童关于比较、测量和估算的数学理解能力。在倾倒和填充容器时，儿童会对事物进行分类和比较，从而知道事物的小或大，重或轻，多或少，相同或不同，空或满。在玩水区配备标准和非标准的测量材料，能够为儿童提供理解"体积"这一概念的机会。要多少杯水才能装满一个咖啡罐或半个塑料壶？马恩对重量的认识加深了，因为她发现半罐水要比一罐水轻得多。凯文和托德用喷雾瓶喷水时学习了"长度"的概念。他们调整瓶子的喷嘴，使水以固体流的形式流出。当他们用手指挤压喷头时，水以巨大的力量喷射出来。接着，他们开始了一场比赛，即看谁喷得最远。儿童把手浸在水中体验温度。早上，玩水桌在树荫下，桌上的水很凉。午睡后，玩水桌暴露在阳光下，桌上的水摸起来就像洗澡水一样。马恩展现出了她的估算能力，她把石头放到盛了一半水的碗里，然后猜测在水溢出碗沿之前还需要多少块石头。

（四）提高身体运动能力

在玩水的过程中，儿童的大肌肉和小肌肉的力量都得到了增强。举起、搬运、倾倒大容器里的水以及用手动抽水泵抽水等动作都需要用到大肌肉的力量。德里克和威廉正在往一个金属浴盆里注水，接着他们把一辆大型自卸卡车扔进了"洗车场"，虽然这对体力的要求很高，但在这个过程中儿童表现得非常愉悦。

当儿童舀水和倒水、旋转打蛋器、打开和关闭水龙头、拧干毛巾、挤压滴管以及拔下玩水桌上的塞子时，其小肌肉运动技能和眼-手协调能力得到了发展。杰茜卡全神贯注地清洗着户外厨房里的锅碗瓢盆。她把手伸到水里转了转，然后用刷子把罐子刷干净。孩子们使用不同握把的取水工具取水、按压喷雾瓶、挤压瓶装水、在不同的表面上画水、搅拌水都有助于发展他们手部的肌肉。

莉萨老师曾拿过宽口塑料瓶，用冰锥在其侧面钻洞，然后把这些瓶子放在玩水桌旁边。佐伊是第一个把其中一个瓶子浸入水中的孩子。当她把瓶子拉上来时，水意外地从洞里喷出来。佐伊发现后尖叫起来。她再次把瓶子浸入水中，这次她用双手抓住瓶子的侧面并把它举起来。她挥舞着手臂向莉萨老师展示正在发生的事情——水从洞里喷出来，落到地上。和佐伊一起的还有亚伦和贾森，他们也想来看看这令人兴奋的事。三个孩子用各种各样的手势操纵瓶子，他们反复把瓶子插进水里，又把瓶子举起来。

（五）增强艺术表现力

水的开放性能够让人产生许多富有想象力的想法。玩水区的多功能材料鼓励儿童用灵活多样的方式使用它们。例如，一根棍子可以使水中泛起涟漪，还可以用作钓竿，或者可以用来将一个漂浮的容器拉近。乔纳森假装水里漂浮的容器是一艘被暴风雨摧毁且正在下沉的船,他用筛子模拟一场风暴。船翻的时候,里面灌满了水,现在他的游戏转向了营救任务。在水中添加小道具,可以促进孩子们的戏剧性游戏。鲸鱼、海豚或鲨鱼可能会成为故事中的危险因素,潜艇、船只和冰层能够增添动作元素,美人鱼可以激发想象游戏。萨尔瓦多把绿色的水变成了鳄鱼沼泽。德里克和威廉把一个装满泡泡的桶变成了洗车店,杰茜卡则把它变成了洗碗池,而戴安娜假装用它给她的洋娃娃洗澡,接着又用肥皂液给洋娃娃清洗衣服。

三、基本组成部分:玩水区需要什么

空间位置

思考玩水区需要哪些设备和家具,以确定该区域所需要的面积。空间不需要太大,因为儿童在大部分时间里会站在玩水桌或水墙旁边。合理摆放设备和家具,让儿童尽可能多地接触到玩水桌的各个面。保证每名儿童都有足够的游戏空间,因为当他们彼此相隔,有更多的游戏空间时,他们就会有更多的社交机会和更少的因争夺空间而产生的问题。

要注意必须将玩水区设置在平坦的地面上,这样浴缸里的水才能保持平稳。当然,将玩水区设置在排水良好的地面(如砾石、树皮或混凝土地面)上也是很好的,因为溢出来的水会蒸发或流走。切记避免将玩水桌放置在草地上,水会溢出来,而长期给草地浇过多的水会破坏草地。玩水区的附近最好有一个水龙头,方便孩子们取水。

玩水区也可以设置得非常简单。通过商业途径购买的玩水桌很好,但是你会发现水桶、洗碗盆或大的水容器也一样令儿童感到满意。将单独的洗碗盆、混凝土搅拌盆、大脸盆或塑料容器放在低板凳、桌子或树桩上,供儿童玩水。将浅容器直接放在地上,供婴儿游戏。

下面右图中的玩水区由带壁橱和架子的室外储物台组成。长凳上放着黑色的大浴盆。水龙头位于左侧长凳一侧的建筑墙上。儿童可以在大浴盆的三个侧面进行游戏。倾倒和取水工具挂在挂钩上,充分利用了垂直存储空间。额外的物品存放在儿童够不到的顶层架子上,如果需要,也可以把架子调整为较低的高度,以便儿童获取材料。自然元素(如石头、贝壳和浮木)被存储在开放式的金属丝网容器中,以便排水。

玩水区改造之前（中心的灰泥墙是一面空白的石板）　玩水区改造之后

设计玩水区的小贴士

1. 将回收的家具作为玩水桌，不需要特意购买商业玩水桌。
2. 合理摆放家具，使儿童能够接触到玩水桌的多个侧面。
3. 有序摆放倾倒和取水工具，并且要方便孩子们取放。
4. 提供自然材料，如石头和贝壳。
5. 使用大开口的容器，以便于排水。
6. 使用垂直的存储空间来存放管子和量杯。
7. 确保附近有水源，方便儿童独立取水。

丰富玩水区

　　成功创设一个玩水区的关键是儿童能够独立取水。最好的选择之一，就是带壶嘴的塑料水壶。这些水壶的开口很大，便于灌装和清洗，还有一个便于携带的把手。将水壶放置在儿童所在区域的玩水桌、架子或长凳上。教儿童如何使用壶嘴，并指导儿童给水壶加水。我的经验是，在监督下，他们会更加注意要节约用水。成人负责灌装或监督儿童给水壶装水。在水中加入外来杂物会堵塞并破坏壶嘴。我曾观察过儿童打开壶盖，把泥土倒进壶中，看壶身的变化。对儿童来说，这是一项特别好的探究活动，但是会对水壶造成伤害。带壶嘴的镀锌水壶的质量更好，也可以买到，但价格比较昂贵。

四、工具和材料

水容器	盆、用于个人游戏的碟形管、镀锌水壶、大塑料桶、带壶嘴的塑料水壶、杂物槽或洗衣槽、玩水桌
填充和清空材料	水桶、窄口容器、宽口容器、干式量杯、刻度量筒、长柄勺、液体量杯
轨迹材料	竹水管、滴管、透明管子、滤锅、带孔的容器、不同大小的漏斗、手动泵、水壶、雨水槽、筛子、喷雾瓶、挤压瓶、过滤器、喷壶
变换材料	碗碟洗涤剂、冰块、液体水彩颜料、画笔、油漆滚筒、刷子、海绵
旋转材料	打蛋器、水轮、钢丝搅拌器
连接和断开材料	连接器、漏斗、管子
自然材料（适合沉或浮的物品）	瓶塞、浮木、岩石、贝壳、小树枝
假装游戏材料	船只、盘子、洋娃娃和娃娃衣服、微型橡胶动物（青蛙、小鱼、鲸鱼）
水墙基座	栅栏、格子木架、胶合板、建筑物的一侧或棚屋、木质托盘
水墙材料	水桶、配件、漏斗、管子、塑料壶或瓶子、雨水槽

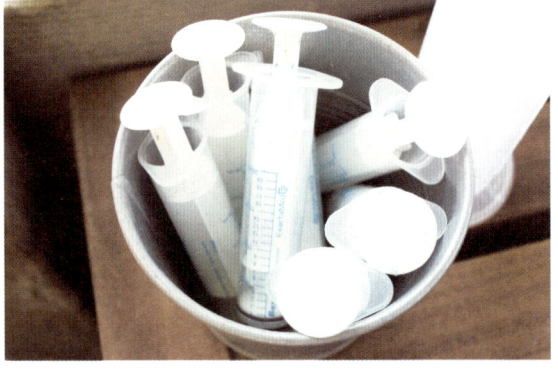

量筒能培养儿童比较、测量和估计的数学能力

存储和整理

玩水桌或长凳下面的架子提供了易于操作的存储空间,低矮的户外储物架也是一个不错的选择。把浮木、石头、贝壳等材料放在架子上的铁丝篮子里。容器或量杯等物品可以直接放在架子上。考虑将材料放置在墙板、格架、钉板或托盘上。透明管和量杯等物品可以挂在挂钩上。漏斗和其他盛水容器可以放在壁挂式的架子上。

为婴幼儿建立了一个低的玩水台,可以把浴盆放在地上,以便婴幼儿取水

清洁和维护空间

准备好毛巾以便于清理。请时刻保持警惕,因为洒在地板表面的水可能会造成滑倒的危险,要立即处理。查看你所在地区的指导方针,了解有关使用和清洁玩水桌的政策。一般来说,盛水的容器和材料都需要在用后被清洗,同时要用漂白剂进行消毒

（2茶匙漂白剂兑4升水），并自然风干。对游戏材料和配件也要进行消毒，并且将其翻过来晾干。小一点的物件可以倒着放在大开口的篮子中风干。在清洁和整理玩水区的材料时，记得检查零件，更换或修理损坏的物品。塑料壶在烈日下的使用寿命较短，可能需要每年更换。带水龙头的镀锌水壶是一个可持续的选择。

水资源管理

由于水是非常宝贵的自然资源，因此，建立良好的水资源管理模式至关重要。我们的目标是尽可能少地使用饮用水，这可能会是一个挑战，因为儿童非常喜欢玩水。实施节水计划，收集雨水作为游戏用水。在地上放置水桶、雨桶或浴盆，以收集从雨水槽里流出的水，并教儿童如何重复利用这些水。回收使用过的游戏用水，将其用于浇灌花园、树木和草地等。一旦水龙头关闭，记得从水龙头上取下手柄，这样水龙头就不会被打开，直到你把手柄拿回来。

五、额外维度

一个老式的手动泵是玩水区的绝佳补充。没有什么比得上当水奇迹般地出现时给儿童带来的快乐了。儿童喜欢反复按压把手，在水的流动中获得成就感。他们还了解了重力、水流以及水泵的工作原理。网站上出售各种各样专为儿童游戏场地设计的手动泵。教师也可以从专业工具、农场用品或设备商店买到手动泵。有些手动泵安装在不锈钢浴盆上，有些用来抽蓄水池里的水，还有一些可以连接到活水供应系统或雨水蓄水池。有些水泵适合玩水和玩沙游戏，有些水泵则适合大河床和水渠，还有些水泵内含一个保存水的循环系统。如果方便，你可以设计一个将水泵安装在水源平台上的方法，并且把手柄和喷口设计成不同的形状。例如，有些喷口上有一个钩状物，能够帮助孩子们把水桶装满。我们知道商业手动泵非常昂贵，而且可能会出现水流堵塞现象。选择在功能性和耐用性方面都评价良好且没有夹点的水泵，防止儿童把沙子倒在其顶部。

支持公平学习

◆提供多种层次的玩水游戏，例如为无法够到玩水桌的儿童提供放在地上的水桶。

◆对材料进行调整以支持所有儿童参与。例如，使用专门为轮椅使用者设计的玩水桌，或在水墙上放置较低的雨水槽和漏斗，供无法够到较高的雨水槽的儿童使用。

◆允许儿童自由地使用材料，以不同寻常的方式尝试新技能。

◆提供用于挑战不同技能水平的材料，如滴管、打蛋器、挤压瓶、水轮、水泵和塑料管。

第十一章 玩水区 181

通过将水注入管道顶部的孔中来产生雨,水则从管子底部的小孔里流下来

182 幼儿园户外开放性游戏环境创设

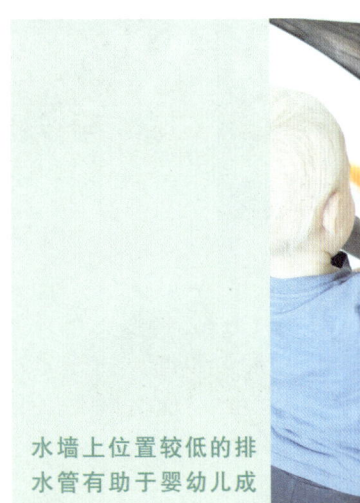

水墙上位置较低的排水管有助于婴幼儿成功倒水

孩子们已经掌握了使用注射器的方法,他们称注射器为"喷射器"

六、创设婴幼儿玩水区的一些想法

玩水游戏对婴儿和学步儿来说也是一种愉快且满意的体验。大一点的婴儿可以在成人的监督下俯卧着用手拍打玩水桌中的水。对于能够坐起来的婴儿,可以让他在放置了配件的浅水容器中拍水以及探索水。提供漏斗、勺子和容易抓握的小容器以及可以探索的自然材料,如浮木、石头和贝壳。低矮、结实的玩水桌非常适合大一点的婴儿和学步儿,因为他们能够自己爬起来或站起来。可以将水管和雨水槽调整到较低的高度,这样婴幼儿就可以够到它们。

第十二章
舒适的空间和隐蔽的地方

萨尔瓦多（4岁）拿起一本他最喜欢的书——英国朱莉娅·唐纳森（Julia Donaldson）的《女巫扫帚排排坐》（Room on the Broom）。他依偎在舒适的枕头上，开始大声讲述这个故事。当他翻动书页讲述他理解的故事时，有几个孩子聚在一起听。萨尔瓦多静静地继续讲述着。他很了解这个故事，因为他已经听过这个故事很多次了。他一边扮演"老师"，一边给朋友们朗读，一边指着图片，用语言描述故事。分享自己对图书和阅读的兴趣，对他来说是一种特别的体验。当萨尔瓦多结束阅读时，他爸爸来接他回家过周末。周一早上，萨尔瓦多显得安静而矜持。谢丽老师热情地欢迎他，并询问他周末过得怎么样。他默默地站着，环顾四周，不参与任何活动。教师鼓励他继续参加周五他很喜欢的黏土或轨迹游戏，他没有动。谢丽老师轻轻地拉着萨尔瓦多的手，低声说："萨尔瓦多，跟我来。我有样东西给你看，我想，你会喜欢的。"她带着萨尔瓦多来到常青树和红杉下的舒适的空间。书架上放着《女巫扫帚排排坐》。萨尔瓦多露出了笑容。当谢丽老师给他读故事时，他逐渐放松和适应。每名儿童在幼儿园都是不一样的，有的儿童可能一到幼儿园就准备好开始游戏，而有的儿童可能需要更多的时间，特别是在周末之后。在一个舒适的空间里度过安静的时间，是儿童从家慢慢过渡到幼儿园的完美方式。

一、舒适的空间和隐蔽的地方的作用

环顾游戏场地，你会发现许多充满活力的游戏，但你也会注意到有时儿童坐在树荫下或其他地方放松和休息。户外游戏为儿童提供了所有类型的身体活动，但户外环境也需要为那些不堪重负、压力大、疲惫不堪或只想休息一下、调整一下互动节奏的儿童提供安静的空间。花时间反思、观察和休息，对儿童的健康至关重要。儿童需要放松、安静的时间，不需要那么主动和活跃。舒适的空间和隐蔽的地方是儿童可以独自或与朋友享受安静时刻的地方。空间很小，部分封闭，只能容纳1~2个孩子。舒适的空间和隐蔽的地方是受保护的、安静的、安全的"藏身处"，供儿童独处、放松或自我调节。空间里的材料通常是图书和操作性的游戏材料。提供宁静的户外空间，让儿童有机会选择一个私人空间，享受平静的探索。

> **图式学习**
> 舒适的空间中的图式学习将取决于空间中可用的松散材料。
> 搬运：将松散材料运送到空间里或从空间中运出。
> 变换：观察环境中的季节性变化，如树叶变色；使用小的松散材料进行创造和设计。
> 旋转：旋转陀螺，悬挂风铃。
> 围合/包裹：用毛毯或围巾裹住自己或娃娃，将纱线缠绕在木桩上，爬进盒子或帐篷里。
> 连接/断开：将螺母和螺栓拧在一起；连接盖子和罐子；接头；拉伸和连接几何板上的弹性带；把拼图拆开；分离连接的东西，如磁力片。

二、舒适的空间和隐蔽的地方促进学习

（一）促进社会与情感能力发展

在舒适的空间里，儿童通过识别自己的感受并学习如何做出适当的反应来获得情感能力。当儿童感到焦虑、不知所措、悲伤或压力大时，舒适的空间可以成为儿童调整情绪并进行安静思考的场所。独处可以让儿童给自己的身心充电，自我调节，释放压力。远离集体的私人时间对儿童的心理健康是必不可少的。例如，戴安娜经常喜欢

一个人待在户外的舒适区，一边躺在枕头上放松，一边看书。结束之后，她看了一会儿其他儿童的游戏活动，然后开始自己的探索。迈卡安静地坐在舒适的空间里玩拼图。在私人空间里，他可以不受干扰地专注于自己的事情。埃米莉和斯蒂芬妮是特别要好的朋友，她们非常享受彼此的陪伴，在群体中反而会感到疲惫不堪和不知所措。女孩们一有机会就依偎在院子里安静而使人放松的角落。在幽静的环境中一起游戏，有助于她们发展友谊和社交技能。在举办茶话会时，她们发展了社交技能，如倾听对方、相互分享、协商分歧、轮流和合作。女孩们用搪瓷马克杯和盘子布置了一个优雅的餐桌，接着又合作用玫瑰花瓣和小枝的迷迭香铺好了桌面。她们还准备了一份经过协商后的菜单：树叶曲奇饼干、橡子薄荷糖、巧克力松果和覆盆子茶。一切准备就绪后，埃米莉和斯蒂芬妮开始轮流拿着毛绒玩具招待客人，桌边坐满了人，除了漂亮和美味的食物外，还充满着欢声笑语。

（二）提高语言沟通能力

在舒适的空间里，儿童可以通过不间断的、有意义的对话提高语言沟通能力。在芦苇围栏形成的阴影下，戴安娜、亚里克莎和谢丽老师坐在长椅上，进行丰富的对话。他们漫长的对话围绕可怕的话题（包括细菌、雷声、怪物和外星人）展开。谈论细菌一直是一个主要的话题，由于疫情防控，孩子们刚刚回到托儿所。接着，他们的谈话又转向了发生在周末的雷暴天气，戴安娜说："制造雷暴的是电。"亚里克莎说："云是黑暗的、危险的，因为里面有怪物。"戴安娜说："怪物会在节日出来。"然后谈话又转移到亚里克莎在她的卧室里看到的一个影子上，她说那是一个怪物。亚里克莎用描述性的词语（"橙色的""友善的"）描述怪物的样子。戴安娜解释说："怪物从月亮里来。"亚里克莎澄清说："只有外星人住在月球上。"当谢丽老师向戴安娜解释外星人如何登上月球的时候，戴安娜说："他们驾驶着外星人的火箭飞船。"在这场精彩的对话中，谢丽老师通过持续的、有意义的、深入的对话来支持女孩们语言技能的发展。她鼓励女孩们描述怪兽和外星人，以及积极地通过陈述来表达自己的想法。此外，她引导两个女孩在同时说话或有一个人主导谈话时相互交流。

（三）提高认知能力

放置在舒适的空间里的松散材料，有助于儿童学习数学概念。橡子、贝壳、桉树豆荚、松果、海玻璃有助于儿童比较、分类、计数、测量，以及用图案进行装饰。瑞安一直在用自然材料在舒适的空间里游戏。大圆形（原木片）、细长形（桂皮）和小尖形（贝壳）提供了鲜明的形状和大小方面的对比，让他创造出有趣的图案。他可以依据材料的颜色、形状、大小、质地、特性或功能对物品进行分类。今天，他坐在一个圆形的芦苇垫子上制作了一个螺旋结构的物品，然后他又按大小排列橡子，紧接着把有帽的橡子和没有帽的橡子分开放好。瑞安说："有帽子的那些很危险，因为它们会爆炸。"瑞安表现出了对数字和数量的理解，他准确地挑出10颗橡子给自己，又挑出另外10颗给马克，让他把"坏人"赶走。

希拉根据不同的尺寸和操作体验，对材料进行分类。她先将塑料卷发器整齐地排成一排，然后把塑料圆筒全部放在一起。她的10根手指各戴了一个卷发器，体现出一一对应的关系。伊莎贝拉从一本旧的室内装饰样品册中把正方形织物根据其立体图形、格子、条纹和鲜花的图案分成四个小堆，从而辨认出它们的相似和不同之处。接下来，她将正方形织物排列起来，测量平台的宽度。她一边估计，一边宣布："哦，哇，它有8条长。我需要走更多的路（指的是长度）。"

当瑞安、米娅和伊莎贝拉在这个舒适的空间里玩松散材料时，他们会逐渐将数学视为自然而重要的事物。通过对材料的探索，他们对数学概念和思想有了扎实的理解，这将有助于他们未来的学习。

（四）提高身体运动能力

各种操作材料有助于加强和完善小肌肉运动技能，包括钳握、挤压、抓取、旋转、眼-手协调以及双边协调。钳握用于拾取纽扣，或者把彩色石头放入松饼罐里或转移到木碗里。如果使用夹吐司、冰块的夹子来拾取和转移物品，那么儿童需要运用更大的手部力量。儿童在翻书的时候可以使用钳握。海莉（10个月）在探索丝瓜络、毛毡球、毛绒球和丝巾时，提高了挤压和抓握的能力。螺帽、螺栓、罐子和盖子需要手腕旋转、眼-手协调和双边协调的能力。将毛根穿过木质的有孔车轮、将鞋带穿过大纽扣以及将布质餐巾放到餐巾环里，能够增强眼-手协调和双边协调的能力。卡特里娜发现，木质线轴和光滑的石头非常适合用于练习堆叠和平衡。当儿童拉伸橡皮筋和把小部件装到合适的位置时，一些商业游戏材料（如地板、七巧板和拼图）也有利于激发和增强儿童的小肌肉运动技能。

（五）增强艺术表现力

舒适的空间是创作故事的完美场所。放置在私人空间的木偶、积木游戏人物和微型车辆可以激发儿童创作富有想象力的故事。农场或丛林动物与松散材料相结合，自然会变得很有吸引力。教师还可以设置道具来讲述知名的故事。当埃文经过舒适的空间时，安德鲁邀请他加入。安德鲁面前的平台上摆放着支持讲述《三只比利羊》的道具：三只山羊，一个凹凸不平的葫芦（巨魔怪），一个棕色的餐垫，绿色的苔藓，一条蓝色的围巾，还有一条空心的原木隧道。听过这个故事很多次后，他们按故事发生的顺序并且配合大量的音效，重现了这个故事。当山羊经过桥时，巨魔怪咆哮道："在我的桥上这么轻快地走动的是谁？"当巨魔怪从桥上掉下来时，一声戏剧性的尖叫回荡着，接着是一个巨大的水花。

舒适的空间也是一个安静的空间，供大一点的学龄前儿童从事手工活动，如编织或缝纫。纱线、缎带、拼贴条和其他自然材料被改造成具有有趣的纹理、图案和颜色的艺术作品。一个吸引人的自然物品或玻璃石头会吸引儿童进行创造，展示他们对美的敏感性。练习手工和设计，可以帮助儿童发展想象力。

三、基本组成部分：舒适的空间和隐蔽的地方需要什么

空间位置

将舒适的空间创设在安静且隐蔽的区域，远离活动场所的喧闹、噪声以及通道。设计舒适的空间时要发挥独特的想象力与创意，它们可以是简单而狭小的，可以被设置在平台上、天井或门廊中，也可以在人造檐或简易棚下，抑或在隧道、纸箱、帐篷或旧浴缸里。一个 2 米 × 1.5 米的平台适合几名儿童或者一位教师和一名儿童一起游戏。可以在舒适的空间里投放露台坐垫，这将会是非常不错的选择。露台坐垫柔软、舒适，而且有各种尺寸和颜色可供选择，有很多坐垫是可拆卸或可机洗的，便于清洗和护理。考虑在安静的角落里放一块带枕头的地毯，或放一艘经过升级改造的旧划艇，这也会是一个非常不错的选择。

工作空间

舒适的空间既应使儿童感觉到隐蔽，也应在成人的视线范围内。红木和雪松木格子架以及角落里的栅栏柱帽增添了美感，增强了空间感，并且营造了隐秘感。在空间上方用网状物装饰，既能给儿童带来更加隐秘的感觉，又有足够的透光性。格板就像一个局部的屏风，不会影响成人对儿童的监督。透明的户外窗帘、浴帘、床单或者垂布可以为空间营造出柔软、温暖的感觉，同时也能够保证隐私。可以在树上、栅栏上、晾

衣绳上或天井悬挂纺织品，也可以在角落里、靠着围墙栅栏或建筑墙壁，用低矮的架子作为屏障。

遮阳树和攀缘藤蔓等天然的檐篷可以提供完美的隐蔽的地方，即使没有天然的檐篷，我们也可以人为创造出来。摩根老师通过种植柳树并在其生长期间将柳枝做成圆顶形状，从而创造出一个柳树小屋。小屋是儿童游戏时的一个秘密的藏身之处。有关创建和维护柳树小屋的指导可以在互联网上找到。

人造的檐篷包括游戏屋、降落伞、用织物设计的倾斜式庇护所、天然的芦苇花园栅栏或网。屋顶用耐用的波纹金属来设计是一个不错的选择。在雨伞下放一个枕头也可以建构一个很好的隐蔽空间，还可以在直径 90 厘米的工业管道内放置垫子，或者在芦苇花园的栅栏下方放置枕头来创设隐蔽的地方。

下图中院子里的走廊区域没有得到充分利用，只有供成人坐着的空间和一些建筑。尼娜老师的愿望是创造一个可以在炎热的天气和雨天使用的游戏空间。

舒适的空间改造之前

木匠在天井里建造了一个有着三面墙的舒适的空间，按照不同的方向铺设木板以增强环境的趣味性、纹理感和美感，枕头增加了柔软的质感。可以用框架顶部的夹子将存放在柳条篮子里的织布悬挂并固定。这个空间经常被当作戏剧舞台，也是一个令人放松的空间。

舒适的空间改造之后

设计舒适的空间和隐蔽的地方的小贴士

1. 围住侧面,提供私密性。
2. 正面敞开,便于成人监督。
3. 檐篷可以遮阳和防雨。
4. 枕头、垂布和靠垫的质感增加了温馨感和舒适感。
5. 提供松散材料,让儿童可以安静地探索。

丰富舒适的空间

舒适的空间需要拥有平静、祥和的氛围,以支持和培养儿童。这个空间应该传达出这样一个信息:这是一个舒适、安全的区域,儿童可以在这里放松自己,专心地游戏或者享受一些独处的时光。考虑在空间的功能和设计中融入让儿童感到放松、平静以及有吸引力的元素,从而激发儿童进入空间游戏的兴趣。柔软的元素(如枕头、靠垫、地毯、被子和毯子等物品)能够给人一种宁静的感觉。在空间上方或在入口处悬挂织物是另一种增加柔软感的方式,教师也可以通过添加植物、书籍以及暖色调的木材营造舒适感,或者添加木桩凳或桌子等物品来突出质朴感。例如,用风铃的声音或薰衣草的气味提升空间的感官效果。

四、工具和材料

营造温馨和隐秘氛围的材料	床单、毛毯、靠枕、檐篷、天篷网、舒适的被子、婴儿床床垫、帘布、无纺布、大雨伞、降落伞、门廊上的秋千
松散材料 （舒适的空间的功能不局限于看书。可以考虑投放适合安静地操作的材料，以及一些小型建筑和涉及设计、想象、分类、模式、比较、计数、定位、连接、断开和插入的松散材料）	橡子、瓶盖、纽扣、光盘、雪松环、桂皮、软木塞、浮木（小块）、桉树豆荚、胶卷筒、玻璃石、罐子的盖子、钥匙、叶子、枫香树球、记号笔的笔帽、垫圈、旧首饰、松果、绒球、海玻璃、贝壳、种子、树枝、石头、瓷砖、木块、原木块、枫木环、木质卷轴
连接和断开材料	树皮、晾衣夹、梳子、衣架、罐子和盖子、螺母和螺栓、丝带、绳子、围巾架、鞋带、袜子架、细绳、尼龙搭扣、金属丝、纱线、束线带
插入材料	碗、盒子、手镯、烛台、洞、咖啡豆展示架、过滤器、容器、杯子、销钉、毡环、卷发器、发圈、钥匙和锁、信夹、枫木环、金属罐环、餐巾环、纸巾架、毛根、拼图、围巾架、导管

第十二章 舒适的空间和隐蔽的地方 193

将枕头和被子放在一个大排水管内,为儿童提供了一个舒适的放松空间

存储和整理

枕头或其他令人感到舒适的物品可能需要在每天游戏结束时被带入室内,以免受外界环境或其他因素的破坏。舒适的空间里的操作材料通常存放在教室、家里或储藏室。教师需要根据儿童的兴趣选择材料,并在每天游戏开始时将它们拿出。舒适的空间里的材料可以很简单地放在一个托盘或篮子里,或者直接放在地面上。如果空间里能够放得下低矮的架子,那么它们也可以用来存储操作材料。太多的物品可能会造成过度刺激,限制儿童的游戏空间,产生混乱和无序的感觉。

屏风既能保护隐私又能增强美感

清洁和维护空间

靠垫、枕头、毯子和其他柔软的物品需要定期清洗或更换。枕头和靠垫尽量选择可以拆卸的，以便于清洗。在恶劣的天气中，教师需要将物品存储在室内或进行遮盖。手持式吹叶机对清除灰尘和碎屑很有帮助。教师要根据儿童的发展水平和兴趣选择并更换材料。

五、额外维度

对于舒适的空间，狗狗床是一个很好的简单选择。首先，许多狗狗床都以毛绒、舒适的表面为特色，有些狗狗床有靠垫墙，更加安全和舒适，而另一些是开放的，儿童能够更好地伸展四肢；其次，狗狗床有多种尺寸，可以放在合适的角落里；再次，由于是为狗狗设计的，因此很耐用，而且很多狗狗床都有防水罩，可以拆卸，方便清洁；最后，在狗狗床上铺一条柔软的羊毛毯子可以让儿童依偎起来感觉很舒服，再添加一些适合儿童的抱枕或靠垫，以增强视觉吸引力。

支持公平学习

◆ 添加复杂性不同的操作材料,以支持不同儿童的发展水平。

◆ 为感官敏感的儿童创造一个安静、简单的空间,可以包括:柔和的自然光、柔光镜或重力毯(让儿童平静),降噪耳机或音响设备(听觉),吊椅或弹力球(前庭),有纹理的球、丝瓜络(触觉)。

◆ 添加重量、大小和质地不同的松散材料,松散材料有内在的容错优势(没有正确或错误的使用方法)。

◆ 带有把手的拼图,易于儿童抓握、插入和移除。

◆ 用毛根或木销钉替换鞋带,使其更容易插入孔中。

◆ 使用不同尺寸的操作材料,如超大尺寸和普通尺寸的线轴。

◆ 创造适合移动的舒适的空间,以便所有儿童都能使用。例如,把空间设置在地面上,或者提供宽敞的通道、扶手或坡道。

◆ 确保空间中的平台或家具都是沉重和稳定的,以防止倾倒。

第十二章 舒适的空间和隐蔽的地方　197

摩根老师通过种植柳树，并在其生长期间将柳枝做成圆顶状，进而创造了一个柳树小屋

六、创设婴幼儿舒适的空间和隐蔽的地方的一些想法

适合婴幼儿的舒适的空间和隐蔽的地方最好远离游戏活动场所,位于游戏场地的一侧或角落。将柔软的毯子和枕头放在防水布上,为婴儿创造一个舒适、安全的空间。可以将大块的浮木和枕头放在毯子周围,对儿童起到保护作用。将松散材料放在毯子上,培养婴儿看、听、说、抓、捏、拉和插入的兴趣。

- 装满摇晃时能发出不同声音的物品的密封塑料瓶。
- 枫木环和硅胶纸杯蛋糕衬垫以及用于口含的器具。
- 狗绳拉环、沙包、浴球、打结的布餐巾、系在木环上的围巾,以及用于抓握和挤压的硅胶托盘环。
- 把丝巾放在一个几何球体的中心,供婴儿拉出。
- 供婴儿投入木质纸巾盒的超大纽扣和罐头环。
- 用来收集毡球的木质或钢丝的过滤勺。

对于学步儿,设计包含松散材料的舒适的空间,以支持他们堆叠、插入和连接/断开的兴趣。

- 用于堆叠的滑面瓷砖样品或圆木片。
- 发圈、卷发器、木质或金属的圆环,以及用于插入木质或金属的圆环的餐巾环。
- 用于插入容器中的圆形木质衣夹。
- 用于连接和断开的自握式卷发器。

附录 A
"是什么，做了什么，变得怎么样"过程

这里包括一个"是什么，做了什么，变得怎么样"过程的例子。下面是加利福尼亚州费尔奥克斯的创意精神学习中心的教师在反思儿童的户外游戏活动时记录的文字。

是什么	做了什么	变得怎么样
愤怒的	平衡	领导	接受
有艺术天赋的	建造	排队	积极分子
自信的	掩埋	制作	倡导者
霸道的	占领	混合	有艺术天赋的
勇敢的	携带	观察	有能力的
乐于合作的	捕捉虫子	涂色	挑战者
控制欲强的	攀爬	栽种	沟通者
好奇心强的	协作	浇灌	富有同情心的
不诚实的	收集	拉	自信的
有同情心的	连接	推	有联系的
精力充沛的	覆盖	耙	易于协调的
兴奋的	创造	阅读	有创造性的
失败的	哭泣	搬运	批判性的思考者
无所畏惧的	跳舞	驱赶	敏锐的洞察者
跟随者	设计	跑	感同身受的
沮丧的	破坏	寻找	环保主义者
快乐的	挖掘	筛选	灵活的
好学的	绘画	唱歌	快乐的
领导者	驾驶	坐下	独立的
大声的	倾倒	跳过	有个性的
混乱的	落下	劈	知识渊博的
有力的	战斗	滑动	直率的
无力的	填满	分类	执着的
骄傲的	发现	旋转	强大的
安静的	飞	泼洒	问题解决者

续表

是什么	做了什么		变得怎么样
沉思的 悲伤的 害怕的 成功的	跟随 飞奔 种植花木 收获 隐藏 用软管浇水 搜寻虫子 调查 跳跃 笑 吆喝	喷洒 喷射 堆叠 搅拌 摆动 照顾 谈话 抛出 推翻 转换	抗议者 研究者 坚韧的 科学家 有灵性的 坚强的 沉着的 有团队精神的 全面发展的

附录 B
评估当前儿童的户外游戏环境

户外游戏区	我们所拥有的 能够支持户外游戏开展的材料	我想要看到的 松散材料和其他项目
艺术工作室		
黏土工作室		
声音花园		
泥巴厨房		
小小世界		
建构区		
轨迹区		
大型运动区		
玩沙区		
玩水区		
舒适的空间和隐蔽的地方		
其他		

附录 C
户外游戏区的工具和材料

艺术工作室	自然类松散材料	橡子、竹子、树皮（棕榈树皮等）、梓树豆荚、肉桂条、玉米苞叶、浮木、桉树豆荚、干花、叶子、橡树瘤、松果、松针、海豆、贝壳、树枝（小的和大的）、石头（如岩石等）、法国梧桐果、圆木片
	纺织品	麻袋、地毯样品、方块布、拉菲亚树叶纤维、缎带、鞋带、麻绳、纱线
	片状材料	瓷砖、玻璃、镶嵌图、鹅卵石、水池、石板、器壁
	金属	绣花圈、胶片盘、钥匙、金属盖、餐巾环、螺母和螺栓、垫圈
	木材	珠子、（晾衣服的）夹子、软木塞、木棒、地板样品、相框、废木材、线轴
	塑料	瓶盖、光盘盒、咖啡搅拌器、瓦楞板、杯子、圆筒、胶卷筒、胶卷卷轴、记号笔的笔帽、管道、管道配件、磁带卷轴、束线带
	用于指定工作空间的物品	亚克力镜子（30厘米×30厘米）、相框、地垫、盘子、瓷砖（30厘米×30厘米）、托盘、木制砧板
	艺术材料	盛颜料的罐/碗，盛放粉笔、刷子和水的容器，为每名儿童提供的画布，粉笔，清洁布，板条箱（用于保存画布），蜡笔，记号笔，颜料，画角刷，色粉笔，可粉刷的物体（树干、箱子、小桌子），用于清洗刷子的水盆，彩色铅笔，水彩笔，线
黏土工作室	基本材料	黏土板或木制切菜板、黏土切割器（钢丝黏土切割器、牙线、绳子）、一小桶水（供儿童蘸湿海绵或纸巾）、存水材料（海绵、纸巾、小碗、塑料喷雾器）
	黏土工具	月牙刀和刮刀（用于创建细节和标记的建模工具）等黄杨木工具、餐叉和勺子、木槌、彩带和线圈工具、擀面杖、木销钉
	配件材料	橡子、梳子、工艺棒、桉树豆荚、大木珠、螺母、螺栓、垫圈、旧牙刷、贝壳、石子、金属丝
	清理材料	水桶、毛巾、刮刀

续表

声音花园	被敲打的物品	纸杯蛋糕盘、烤盘、黑色波纹管、排水管、面包盘、烤架、桶、平底锅、吊环、罐头环、滤锅、饼干模型、冷却架、波纹金属板、面板、凹槽管、葫芦、金属托盘、松饼盘、铃铛、脱底模、蛋挞圈、各种大小的锡罐、垃圾桶（金属和橡胶）、垃圾桶盖、风铃、木碗
	敲打的物品（木头和金属）	竹片、销钉、长柄勺、捣碎机、网状过滤器、油漆搅拌器、捞面勺、铲子、防溅网、棍状物、搅拌勺、松紧扣、钳子、毛掸子
泥巴厨房	厨房用具	面包盘、蛋糕盘、搅拌碗、研钵和研杵、松饼盘、馅饼盘、煎锅、平底锅、小型金属奶油罐、过滤器、锡罐 金属勺子、铲子、土豆捣碎器、漏勺、抹刀、木勺
小小世界	容器和底座	金属桶、澡盆、供鸟嬉戏的水盆、行李箱、盒盖、托盘、大原木/粗木材、泥碟、过滤器、搅拌器、烤盘、抽屉、花盆、砂砾盘、空心原木、果冻卷盘、泥盘、油盘、播种机、花坛、种植箱、小地毯、餐盘、平底锅、手提箱、轮胎、马车、独轮手推车、窗框、木桶
	植物	罗勒、细香葱、香菜、莳萝、薄荷、牛至、欧芹、胡椒薄荷、迷迭香、鼠尾草、草莓、多肉植物、马郁兰、龙蒿、百里香
	表面	树皮、罗勒叶（干）、可可覆盖物、椰子壳、玉米苞叶、莳萝草（干）、泥土、桉树叶（干）、开花的羽衣甘蓝、玻璃石、砂砾、活力沙、薰衣草（干）、薄荷（干）、苔藓、鹅卵石、玫瑰花蕾（干）、迷迭香（干）、草皮、留兰香（干）、稻草、麦草
	松散材料	橡子、树枝、桂皮、浮木、树叶、松果、围巾、海豆、海玻璃、贝壳、豆荚、线轴（木制）、石头、瓦片、原木块
建构区	建构工具	加高脚垫、黑色波纹管、黑色PVC管（直径10厘米或15厘米，切割成15厘米、20厘米和30厘米的小段）、凹槽模塑（60~120厘米长）、梯子（小）、原木、牛奶箱、托盘、木板（30~180厘米长）、滑轮系统、红木立柱（底面为10厘米×10厘米，由长10厘米、20厘米和30厘米的小木块拼成）、沙袋（10厘米×20厘米或15厘米×30厘米）、迷你锯木架、轮胎、木块、树干、木质电缆盘、木箱、木板、木屑
	松散材料	浮木、大石头、绳、锡罐、小木片
轨迹区	斜坡	黑色波纹排水管、黑色PVC管、纸板凹模、地毯膜管、透明PVC管、凹模（30厘米、60厘米、90厘米、120厘米）、橡胶模具、硬纸板、乙烯基雨水槽、白色PVC管、木坡道
	支撑斜坡的底座	桶、巨石、混凝土块、板条箱、迷你沙袋、迷你锯木架、托盘、树干、带销钉的木框架、带绳子的木框架、木质卷轴

续表

轨迹区	滚动的物品	各种类型的球（塑料空心球、手球、塑料棒球、海洋球和木球）、罐头环、呼啦圈、枫树圈、餐巾环、松果、线轴、石头、轮胎、原木块、车轮
	倾倒的物品	泥土、砾石、沙子、水
大型运动区		桶、长凳、大卵石、波纹排水管（10厘米宽）、原木、迷你梯子、迷你锯木架、托盘、木板或步行板［窄木板（15厘米×300厘米）；宽木板（30厘米×250厘米）］、可用来跳跃的平台或坚固的箱子、轮胎（汽车和卡车）、树干、木质电缆盘
玩沙区	挖掘工具	勺子（金属）、铁锹、铲子、棍子、卡车、挖掘机、推土机
	自然资源	树皮、椰子壳、大石头、扇贝壳、石头（小的和大的）、树干、木头
	容器和建构工具	漏斗，排水管，金属桶（各种尺寸），松饼盒，馅饼盘，坡道，用于建造湖泊、河流和水坝的厚塑料板，筛子，锡罐，导管
玩水区	水容器	盆、用于个人游戏的碟形管、镀锌水壶、大塑料桶、带壶嘴的塑料水壶、杂物槽或洗衣槽、玩水桌
	填充和清空材料	水桶、窄口容器、宽口容器、干式量杯、刻度量筒、长柄勺、液体量杯
	轨迹材料	竹水管、滴管、透明管子、滤锅、带孔的容器、不同大小的漏斗、手动泵、水壶、雨水槽、筛子、喷雾瓶、挤压瓶、过滤器、喷壶
	变换材料	碗碟洗涤剂、冰块、液体水彩颜料、画笔、油漆滚筒、刷子、海绵
	旋转材料	打蛋器、水轮、钢丝搅拌器
	连接和断开材料	连接器、漏斗、管子
	自然材料（适合沉或浮的物品）	瓶塞、浮木、岩石、贝壳、小树枝
	假装游戏材料	船只、盘子、洋娃娃和娃娃衣服、微型橡胶动物（青蛙、小鱼、鲸鱼）
	水墙基座	栅栏、格子木架、胶合板、建筑物的一侧或棚屋、木质托盘
	水墙材料	水桶、配件、漏斗、管子、塑料壶或瓶子、雨水槽
舒适的空间和隐蔽的地方	营造温馨和隐秘氛围的材料	床单、毛毯、靠枕、檐篷、天篷网、舒适的被子、婴儿床床垫、帘布、无纺布、大雨伞、降落伞、门廊上的秋千

续表

舒适的空间和隐蔽的地方	松散材料	橡子、瓶盖、纽扣、光盘、雪松环、桂皮、软木塞、浮木（小块）、桉树豆荚、胶卷筒、玻璃石、罐子的盖子、钥匙、叶子、枫香树球、记号笔的笔帽、垫圈、旧首饰、松果、绒球、海玻璃、贝壳、种子、树枝、石头、瓷砖、木块、原木块、枫木环、木质卷轴
	连接和断开材料	树皮、晾衣夹、梳子、衣架、罐子和盖子、螺母和螺栓、丝带、绳子、围巾架、鞋带、袜子架、细绳、尼龙搭扣、金属丝、纱线、束线带
	插入材料	碗、盒子、手镯、烛台、洞、咖啡豆展示架、过滤器、容器、杯子、销钉、毡环、卷发器、发圈、钥匙和锁、信夹、枫木环、金属罐环、餐巾环、纸巾架、毛根、拼图、围巾架、导管

参 考 文 献

Almon, Joan. 2013. *Adventure: The Value of Risk in Children's Play.* Annapolis, MD: Alliance for Childhood.

Brussoni, Mariana, Lise Olsen, Ian Pike, and David Sleet. 2012. "Risky Play and Children's Safety: Balancing Priorities for Optimal Child Development." *International Journal of Environmental Research and Public Health* 9: 3134–48.

Casey, Theresa, and Juliet Robertson. 2019. *Loose Parts Play.* 2nd ed. Edinburgh: Inspiring Scotland.

Chawla, Louise. 2015. "Benefits of Nature Contact for Children." *Journal of Planning Literature* 30, no. 4 (July): 433–52.

Coster, Denise, and Josie Gleeve. 2008. *Give Us a Go! Children and Young People's Views on Play and Risk-Taking.*

Halliday, M. A. K. 2004. *The Language of Early Childhood.* Edited by Jonathan J. Webster. New York: Continuum.

Iltus, Selim, and Roger Hart. 1995. "Participatory Planning and Design of Recreational Spaces with Children." *Architecture & Behaviour* 10, no. 4: 361–70.

Jambor, Tom. 1995. "Coordinating the Elusive Playground Triad: Managing Children's Risk-Taking Behavior, (While) Facilitating Optimal Challenge Opportunities, (within) a Safe Environment." Presented at the International Conference on Playground Safety, University Park, PA, October 10, 1995.

Law, Suzanna, and Morgan Leichter-Saxby. 2015. *Loose Parts Manual: The DIY Guide to Creating a Playground in a Box.* Australia: Playground Ideas.

Leichter-Saxby, Morgan, and Jill Wood. 2018. "Comparing Injury Rates on a Fixed Equipment Playground and an Adventure Playground." United Kingdom: Pop-Up Adventure Play.

Sandseter, Ellen Beate Hansen. 2007. "Categorizing Risky Play—How Can We Identify Risk-Taking in Children's Play?" *European Early Childhood Education Research Journal* 15, no. 2 (January): 237–52.

———. 2011. "Children's Risky Play in Early Childhood Education and Care." *ChildLinks* 3:2–6.

Sandseter, Ellen Beate Hansen, Rasmus Kleppe, and Ole Johan Sando. 2021. "The Prevalence of Risky Play in Young Children's Indoor and Outdoor Free Play." *Early Childhood Education Journal.*

Sawyers, Janet K. 1994. "The Preschool Playground: Developing Skills through Outdoor Play." *Journal of Physical Education, Recreation & Dance* 65, no. 6 (August): 31–33.

United States Consumer Product Safety Commission. 2015. *Public Playground Safety Handbook.* Bethesda, MD: USCPSC.

United States Environmental Protection Agency. 2019. "Public Webinar: Part 1— Tire Crumb Rubber Characterization."

Wijk, Nikolien van. 2008. *Getting Started with Schemas: Revealing the Wonderfull World of Children's Play.* Christchurch, New Zealand: The New Zealand Playcentre Federation.

Willoughby, Marie. 2011. "The Value of Providing for Risky Play in Early Childhood Settings." *ChildLinks* 3:7–10.